Hans Müller-Brauel

Die Stärkung der Gewerkschaftsbewegung durch Konsumgenossenschaften

Ein Beitrag zur Förderung freiheitlicher Socialreform

Hans Müller-Brauel

Die Stärkung der Gewerkschaftsbewegung durch Konsumgenossenschaften
Ein Beitrag zur Förderung freiheitlicher Socialreform

ISBN/EAN: 9783743668607

Hergestellt in Europa, USA, Kanada, Australien, Japan

Cover: Foto ©Suzi / pixelio.de

Weitere Bücher finden Sie auf **www.hansebooks.com**

Die Stärkung
der
Gewerkschaftsbewegung
durch
Konsumgenossenschaften.

Motto: Es sind Männer nötig, welche mit
dem radikalsten Geiste zugleich
den konservativen verbinden.
P. J. Proudhon.

Ein Beitrag
zur Förderung freiheitlicher Socialreform
von
Hans Müller.

Zürich
Commissionsverlag von E. Speidel
1896.

Vorrede.

Die vorliegende kleine Schrift hat nur den Zweck, eine, wie ich glaube, sehr diskutable und zeitgemäße Anregung zu geben. Dennoch ist sie wohl mehr als eine bloße Gelegenheitsschrift. Sie entwickelt, wenn auch nur nebenher und in begleitenden Akkorden, meinen socialen und politischen Standpunkt und meine besondere Auffassung von dem Charakter der deutschen Socialdemokratie. Namentlich im letzten Kapitel, wo seitenweise die Führung der Melodie vom Diskant an den Baß abgetreten wurde, wird der Leser mein socialpolitisches Glaubensbekenntnis deutlich herausklingen hören.

Ich hätte mich sehr gerne bei einer ganzen Reihe von Punkten noch weiter ausgesprochen und mit meinen Gegnern, den Marxisten, ein kritisches Wort gewechselt. Allein aus zwei Gründen habe ich darauf verzichtet. Die vorliegende Schrift soll ihren Weg auch in solche Kreise finden, die mehr von der Praxis als von der Theorie halten und denen weitausholende theoretische Darlegungen als entbehrlichen Ballast

erscheinen. Sodann aber gebietet die Klugheit, die Pulver=
vorräte für den geplanten Feldzug gegen den Marxismus so
lange trocken zu halten, bis die preußisch=deutsche Regierung
etwas Gescheiteres zu thun weiß, als die Socialdemokratie
immer wieder von Neuem mit ebenso ungerechten und ver=
werflichen wie thörichten und zwecklosen Gewaltmaßregeln zu
drangsalieren. Nur ein kleiner Probeschuß, der sowohl die
politisch revolutionär wirkende reaktionäre Regierung wie auch
die social reaktionär wirkende revolutionäre Socialdemokratie
ein wenig kitzelt, ist unter solchen Umständen am Platz. —
Ueberdies werde ich bald Gelegenheit haben, das Versäumte
nachzuholen. Was ich in dieser Schrift doch nur in schwer=
fälligen Exkursen hätte ausführen können, das soll nächstens
in umfassender Weise und in systematischem Zusammenhang
in meiner „Politik der Socialdemokratie" vorgetragen werden.
Sie braucht nur noch „kalfatert" zu werden — so nennt
man in meiner niederdeutschen Heimat das Verdichten der
Schiffsnähte — und wird bei „klarem Wetter" im Laufe der
nächsten Monate in die See stechen, um dem Marxismus
eine Hauptschlacht anzubieten. — —

Als Leser dieser Schrift wünsche ich mir in erster Linie
die Mitglieder der schweizerischen und deutschen Gewerkvereine.
Doch werden von den letzteren wohl nur wenige diese Zeilen
zu sehen bekommen. Noch schwerer wird es halten, daß sie
meinen Vorschlag zur Lösung der Gewerkschaftsfrage praktisch
erproben. Um so größer ist meine Hoffnung, daß es dies in
der Schweiz geschieht. Erstens ist der Schweizer Arbeiter,
selbst der Schweizer Socialdemokrat kein „Marxist"; so weit
der Marxismus hier überhaupt vorkommt, ist er wirklich nur

ein von deutschen oder ehemals deutschen Socialdemokraten importiertes „fremdes Gewächs", das nur blinder Eifer und oberflächliche Kenntnis der schweizerischen Zustände hierher zu verpflanzen unternehmen konnte. Das Dogma von der Eroberung der politischen Macht durch das Proletariat in der schweizerischen Demokratie zu predigen, kann nur Jemand unternehmen, der ihr Wesen und ihre Eigenart nicht oder nicht genügend erfaßt hat. Der Staat ist hier so wenig Hindernis einer gesunden socialen Entwicklung wie nirgendswo und vor der bureaukratisch=staatlichen Leitung der gesellschaftlichen Angelegenheiten hat das Schweizervolk einen so kräftigen und urgesunden Abscheu, daß ihm auch der beredetste Marxist nicht das utopische Ideal einer verstaatlichten Volkswirschaft mundgerecht zu machen verstände. Das empfinden denn auch die deutschen Parteidoktrinäre, und sie rächen sich dafür durch eine allerdings nur komisch wirkende Geringschätzung der reinen Demokratie und der direkten Volksgesetzgebung. Sie haben recht! ihr Weizen blüht nur auf den Feldern, die von der autokratischen Reaktion bepflügt werden. Die Deutschen und Russen sind daher geborene Marxisten, doktrinäre „Socialrevolutionäre", die Schweizer und Engländer dagegen geborene Genossenschaftssocialisten, nüchterne sociale Praktiker. Während erstere keine andere Aufgabe kennen und haben als über „Politik" möglichst viel und laut zu diskutieren, haben letztere bereits längst, und ohne viel Aufhebens davon zu machen, angefangen, den Socialismus zu organisieren. Und damit komme ich zu dem zweiten Grund, der mich eine praktische Verwirklichung mein Vorschlages hoffen läßt. In der Schweiz wie in England existiert eine bedeutende socialistische Genossen=

schaftsbewegung. An sie kann sich die Gewerkschaftsbewegung erfolgreich anlehnen. Und damit ist die Hauptschwierigkeit, welche der „Stärkung der Gewerkschaftsbewegung durch Konsumgenossenschaften" im Wege steht, beseitigt. In der Schweiz brauchen die Arbeiter gar keine socialistischen Konsumvereine mehr zu begründen; sie sind schon da! Die Gewerkvereine haben hier nur nötig, die vorgeschlagene Verbindung mit den Konsumgenossenschaften einzugehen, und die **Gewerkschaftsfrage ist gelöst**.

Wie am Schlusse dieser Schrift angedeutet worden ist, wäre ein solches Zusammenarbeiten nicht nur für die Schweizer Arbeiterklasse fruchtbar und segensreich, sondern auch der socialen Entwicklung Deutschlands könnte daraus, infolge der regen Beziehungen der beiden Länder zu einander, ein unberechenbarer ideeller Nutzen erwachsen. Tausende von intelligenten jungen deutschen Arbeitern ziehen alljährlich über den Rhein und treten in schweizerische Gewerkschaften ein. Sie machen hier nun wohl einige Ausstände mit, aber im allgemeinen lernen sie herzlich wenig von den vielen großen Wahrheiten kennen, die gleichsam in der frischen Schweizerluft liegen. Im Gegenteil, sie gefallen sich in der Rolle des Lehrmeisters, wo sie Schüler sein sollten, und versuchen den Schweizern ihre für deren Verhältnisse gänzlich widersinnigen Revolutionsdoktrinen aufzunötigen. Die Folge davon ist gegenseitiges Mißverständnis, das sich bald zu ausgesprochener Abneigung und zu nationalen Reibereien steigert. Statt einzusehen, daß der Schweizer durchaus recht hat, sich gegen die marxistischen politischen Lehren abgeneigt zu zeigen, schreiben die deutschen Apostel diesen Umstand in Verkennung schweizerischer Eigenart meistens auf das Konto der „Rückständigkeit" der Schweiz. Ihnen fällt nicht bei, daß sie selbst im Grunde die „Rückständigen" sind.

Wie viel gesunder und anregender würde sich der Verkehr zwischen den deutschen und schweizerischen Arbeitern gestalten, wenn letztere die Lehrer wären! Die Jahre, die die vielen deutschen Handwerker in der Schweiz verbringen, könnten reiche Frucht für Deutschlands Zukunft tragen, wenn die hiesigen Gewerkschaften durch Verbindung mit der Genossenschaftsbewegung zu praktischen Schulen einer echt demokratischen, freiheitlichen Socialreform ausgestaltet würden, wenn sie die Wege einer erfolgreichen socialen Organisationsthätigkeit, die allein geeignet ist, die Lage der arbeitenden Klassen organisch zu heben, der Welt zeigen wollten! --- —

Wenn eine gute Sache ein Anrecht auf die Hoffnung verleiht, daß sie nicht vergebens befürwortet wird, so glaube ich mich versichert halten zu dürfen, meine Feder nicht umsonst geführt zu haben. In dieser Ueberzeugung empfehle ich meine Anregung der unbefangenen Prüfung seitens aller socialen Fortschritts= und Freiheitsfreunde!

Basel, Anfang Dezember 1895.

Hans Müller.

Inhaltsverzeichnis.

	Seite
Vorwort	III
I. Kapitel: Die neue Gewerkschaftsfrage	1
II. Kapitel: Die Standpunkte in der Gewerkschaftsfrage . . .	8
III. Kapitel: Die Ursachen der zunehmenden Erfolglosigkeit gewerkschaftlicher Bestrebungen	30
IV. Kapitel: Die Lösung der Gewerkschaftsfrage	42
V. Kapitel: Das Prinzip des Genossenschaftswesens und die politische Doktrin der Socialdemokratie	57

I.
Die neue Gewerkschaftsfrage.

Die Gewerkschaftsorganisationen sind bekanntlich nicht erst von gestern, und man sollte daher annehmen, es stände heute so ziemlich für alle Welt fest, welcher Wert und welche Bedeutung ihnen für die Emanzipationsbestrebungen der Arbeiterklasse beizumessen ist.

Nichtsdestoweniger beobachten wir, daß diese Frage seit einiger Zeit wieder aufgerollt worden ist und daß die Arbeiter aller Länder sie mit großer Lebhaftigkeit diskutieren; ja es hat den Anschein, als handele es sich dabei nicht um eine längst bekannte, sondern um eine eben erst aufgetauchte, nagelneue Angelegenheit.

Die Klubs und Versammlungen beschäftigen sich eifrig mit dem Gewerkschaftsproblem, die Arbeiterblätter leitartikeln alle Augenblick darüber, die nationalen und internationalen Kongresse der socialistischen Parteien erledigen es durch lange Resolutionen.

Aber wie viel und wie häufig man auch darüber sprechen und schreiben mochte, so scheint das bisher nur die Wirkung gehabt zu haben, daß noch mehr und noch öfter davon gesprochen und geschrieben werden mußte.

Diese Erscheinung ist gewiß seltsam, und es muß von vornherein als ausgeschlossen gelten, daß sie in einer Laune der Arbeiter ihren Grund hat. Eine Frage, bei der nur einige Schwätzer leeres Stroh dreschen, hält sich nicht so lange im Mittelpunkt des Interesses großer Bevölkerungskreise. Wenn aber letzteres der Fall ist, — und wer könnte es bezweifeln? — so werden wir zu der Annahme gedrängt, daß es sich bei der Gewerkschaftsfrage um ein bedeutsames Zeitproblem handelt, das durch den naturnotwendigen Gang unserer socialen Entwicklung auf die Tagesordnung gesetzt wurde und von derselben nicht eher wieder verschwinden wird, als bis es seine geschichtliche Lösung gefunden hat.

Und wirklich, bei näherem Zusehen ist es gar nicht die alte Gewerkschaftsfrage, welche die Arbeiter aller Länder heute beschäftigt. Daß die Gewerkschaftsorganisationen unter den gegenwärtig bestehenden socialwirtschaftlichen Verhältnissen eine Notwendigkeit, unausrottbar mit diesen gegeben sind und sich durch nichts in absehbarer Zeit aus der Welt schaffen lassen, — wer könnte das auch nur in Abrede zu stellen wagen, ohne Zweifel an seiner Einsicht wachzurufen? Es handelt sich also nicht mehr um die Frage der Zweckmäßigkeit der Gewerkschaften für die Arbeiter, nicht mehr um die Begründung ihrer Existenzberechtigung und der Wünschbarkeit ihrer Einführung, — darüber hat bereits die Geschichte gesprochen, und nur Einfaltspinsel können gegen diesen Spruch Revision einlegen. Was heute diskutiert wird und diskutiert werden soll, ist etwas ganz anderes, ist die neue Gewerkschaftsfrage, die Frage nämlich, ob es mit den Fachvereinen und Trades-Unions allein gethan ist, ob sie für sich ausreichen, die Hebung der arbeitenden Klassen herbeizuführen oder ob sie durch andere Organisationen gestützt und in ihrer socialen Wirksamkeit ergänzt werden müssen.

Darum handelt es sich in der Gegenwart, auf diese Frage sollen wir eine Antwort geben. Und so lange wir sie nicht gefunden, werden wir zu keinem socialen Fortschritt kommen.

Das wird sogleich klar, wenn wir uns des Verlaufs der letzten Jahre erinnern.

Das letzte Jahrzehnt unseres für alle Zeiten denkwürdigen Jahrhunderts steht in einem noch höheren Grade als alle seine Vorgänger im Zeichen einer rastlosen, durch tausende von technischen Erfindungen beschleunigten Entwicklung unserer kapitalistischen Volkswirtschaft. Es ist, als wollte die letztere all den vielen Zweiflern an ihrem Bestand zeigen, wie vollsaftig und jugendkräftig sie noch am Ende des Jahrhunderts ist, auf das närrische Propheten ihren Zusammenbruch in sichere Aussicht gestellt hatten. Mit einer Energie, die jeglicher Ermattung spottet, wälzt der moderne Kapitalismus immer von neuem den ganzen Produktionsprozeß um, paßt er sich mit einer Elastizität, die ihm niemand zutraute, allen möglichen Zuständen und Verhältnissen an, die für sein Weben und Streben unzugänglich schienen. Er zeigt mit jedem Tag deutlicher, daß es ihm gar nicht einfällt, sich schon sein eigenes Grab zu graben und den Gehorsam gegen das Gesetz der Akkumulation des Kapitals bis zum Selbstmord zu treiben. Frisch und fröhlich, wie ein kraftstrotzender Gesell, wüstet er weiter und trägt dabei mit gutem Humor und stolzer Grandezza die Bürde der wenigen guten und vielen schlechten „Socialgesetze", die ihm der alte Racker Staat aufgeladen hat.

Auch vor seinem künftigen Totengräber, dem von Marx mit dieser Mission feierlichst betrauten Proletariat, zeigt er lange nicht so viel Angst als manche Potentaten mit halbfeudalen Kronen auf dem Haupt. Er weiß, daß die Menschen gerne einmal den Bramarbas spielen und dann die Thorheit begehen, sich in dieser Rolle ernst zu nehmen. Aber ihn, den kalt berechnenden Geschäftsmann, täuschen sie damit nicht. Er lächelt nur über ihre Illusionen und bläst höhnisch mit einem leichten Hauch das luftige Kartenhaus ihrer gelehrtesten Theorien um. Er fürchtet auch wenig für seine Person und würde herzlich gerne auf den Schutz verzichten, den ihm die hochwohllöbliche Polizei und der Militarismus leisten; denn er weiß, daß er sich noch auf lange hinaus aus eigener Kraft seiner Haut zu wehren vermöchte.

In dieser Gestalt präsentiert sich heute der Kapitalismus in Wirklichkeit, nicht als das vor Angst um seinen Beutel schlotternde Gerippe, wie ihn die Doktrinäre durch ihre alles verzerrenden Brillen sehen. Er bewegt sich noch immer in aufsteigender Linie, und wenn er auch die Zahl der Proletarier beständig vergrößern, die der Besitzenden immer kleiner werden lassen sollte, so hat er doch noch wenig von den ersteren zu befürchten, so lange deren Stärke nicht schneller wächst, als seine eigene.

Und daß dies der Fall ist, daß die Gewerkschaften nicht in dem gleichen Maße wie der Kapitalismus und seine Diener an socialer Macht und wirtschaftlicher Widerstandskraft zunehmen, wie man es infolge des Anschwellens der Arbeiterbataillone erwarten dürfte, daß die Vereinigungen der produzierenden Proletarier nicht mehr ausreichen, um denen der profitierenden Kapitalisten ein wirksames Paroli bieten zu können, — diese Thatsache ist längst kein Geheimnis mehr, wenngleich sie auch noch nicht offen ausgesprochen wurde.

Gerade die Ereignisse der letzten Jahre haben durch den für die Arbeiter fast immer unglücklichen Ausgang der Kämpfe zwischen Kapital und Arbeit die innere Schwäche und unzulängliche Beschaffenheit der proletarischen Organisationen enthüllt.

Ein Blick auf die Streikstatistik liefert uns dafür die zahlenmäßigen Belege.

Beginnen wir mit England, dem klassischen Lande der Gewerkvereine, dem Zukunftsspiegel der Zustände des westeuropäischen Kontinents.

Nach dem soeben ausgegebenen zweiten „Report of the Labour Departement of the Board of Trade (1894—95)" sind die Resultate der gewerkvereinlichen Kämpfe sehr niederschlagend. Wir geben die betreffenden Zahlen nachfolgend wieder; der Leser mag sich selbst sagen, was sie lehren:

	1889	1890	1891	1892	1893	1894
Gesamtzahl der bekannt gewordenen Ausstände	1,211	1,040	906	700	782	962
Zahl der daran beteiligten Arbeiter	359,897	393,245	267,460	356,799	636,386	308,350

Nach Prozenten berechnet, verliefen von der Gesamtzahl der Ausstände für die Arbeiter:

	1889	1890	1891	1892	1893	1894
Erfolgreich	43,0	37,1	41,1	41,0	38,9	34,2
Nur teilweise erfolgreich	31,8	22,2	20,1	17,0	21,1	18,9
Erfolglos	17,3	31,6	30,0	32,7	34,6	27,4
Unentschieden oder im Resultat nicht bekannt	7,9	9,1	8,8	9,3	5,4	19,5

Die Zahl der erfolgreichen und teilweise erfolgreichen Streiks nimmt danach beständig ab, die der erfolglosen zeigt dagegen die unverkennbare Tendenz, sich erheblich zu vergrößern. Und das geschieht in dem Lande der stärksten, ältesten und bestfundiertesten Trades-Unions der Welt, die in den Kämpfen mit den Unternehmern eine mehr als 50jährige Erfahrung hinter sich haben und die, durch frühere Niederlagen klug und vorsichtig gemacht, die Chancen des Gelingens nach der wirtschaftlichen Lage nüchtern abzuwägen sich gewöhnt haben!

Die Daten, welche wir über die Arbeitseinstellungen in Frankreich besitzen, sind weniger zahlreich und beziehen sich nur auf die drei Jahre 1891—93. Immerhin bestätigen auch sie die Thatsache von dem Rückgang des Erfolges der Arbeiter in Lohnkämpfen.

Nach den Mitteilungen des französischen Arbeitsamtes (Office du Travail) fanden im Jahre 1893 634 Streiks statt. Davon haben die Arbeiter nur 25 % gewonnen, 32 % endeten mit einer teilweisen Anerkennung ihrer Forderungen oder mit einem Vergleich und 43% gingen völlig verloren. Zieht man dabei die Zahl der an den Ausständen beteiligten Arbeiter in Betracht, so wird das Resultat noch ungünstiger. Es siegten nur 21% aller Streikenden, 26% mußten sich zu einem Vergleich bequemen und 53% erlitten eine Niederlage.

Vergleicht man die Ziffern von 1893 mit denen von 1891 und 1892, so erhalten wir folgendes Bild:

	1891	1892	1893
Siegreiche Streiks	34%	22%	25%
Streiks mit teilweisem Erfolg	26%	31%	32%
Verlorene Streiks	40%	47%	43%

Durchschnittlich hätten darnach 43% sämtlicher Streiks mit einer Niederlage, 30% mit einem teilweisen Erfolg und nur 27% mit einem völligen Sieg geendet.

Bezeichnend für das geringe Kraftgefühl der organisierten Arbeiter und das große der Unternehmer ist noch die Thatsache, daß 1893 in 75 Fällen die Unternehmer eine schiedsgerichtliche Verständigung ablehnten, die Arbeiter aber das gleiche in nur 6 Fällen zu thun wagten!

Für Deutschland und die Schweiz besitzen wir kein zuverlässiges Zahlenmaterial, aus dem sich weitere Schlüsse ziehen ließen. Indessen braucht es solches gar nicht, um zu wissen, daß es hier nicht anders aussieht wie in England und Frankreich.

Wenn die Gewerkschaften sich stark fühlen, so gehen sie naturgemäß zum Angriff über; wenn sie glauben, eine Erniedrigung der Arbeitszeit und eine Erhöhung der Löhne durchsetzen zu können, so treten sie mit diesen Forderungen hervor. Glauben sie dagegen, daß eine Niederlage mit ihrem Gefolge von Aussperrungen und schwarzen Listen zu befürchten ist, so werden sie sich höchstens nur einer Verschlechterung ihrer Arbeitsbedingungen mit einem Abwehrstreik zu widersetzen wagen.

Mißt man an diesen Maßstäben die letztjährigen Vorgänge auf dem socialen Kriegsschauplatz in der Schweiz und in Deutschland, so kann es keinem Zweifel unterliegen, daß auch den gewerkschaftlichen Arbeitervereinigungen dieser Länder das Machtgefühl und Kraftbewußtsein, die vorwärts treibende Kampfesfreudigkeit in einem erheblichen Grade abhanden gekommen ist.

Wie sollte es auch anders sein nach den großen Niederlagen, welche die deutschen Buchdrucker mit ihrem festgefügten Verbande und reichen Geldmitteln, die tapferen Hamburger Tabakarbeiter und die allzeit unverzagten Zürcher Bauhandwerker in den letzten Jahren erlitten haben?

Ein dumpfer Mißmut hat sich der deutschen und schweizerischen Gewerkschafter bemächtigt, das Gefühl der Ohnmacht nagt an ihren bescheidensten Hoffnungen und hemmt den Fortschritt ihrer Organisationen.

Aus dieser Stimmung heraus schrieb noch jüngst ein bekannter deutscher Gewerkschaftsführer die bitteren Worte:

„Die gewerkschaftliche Bewegung will nicht recht vorwärts kommen. Giebt man der Ansicht Raum, daß auf jedem Kampfgebiet, einerlei welcher Natur es ist, Stillstand Rückschritt bedeutet, so muß man ehrlicherweise zugestehen, daß die Gewerkschaften Deutschlands seit Jahren weder einen Fortschritt in ihrer Ausdehnung noch in ihrer Einwirkung auf die Lohn- und Arbeitsbedingungen zu verzeichnen haben."

„Die beste Verteidigung ist der Uebergang zum Angriff. Von Angriffsstreiks kann jedoch in den letzten fünf Jahren nicht die Rede sein. Die Arbeiter standen in der Defensive, und dort, wo sie gezwungenermaßen in den Abwehrstreik eintraten, waren sie fast ausnahmslos die Unterliegenden." (Leipziger Volkszeitung 1895, Nro. 32.)

Es kann somit gar keinem Zweifel mehr unterliegen, daß die Perspektive, welche sich der Gewerkschaftsbewegung in allen Ländern eröffnet, sehr düster ist. Der schwache Hoffnungsstrahl eines wirtschaftlichen Aufschwungs, der auch den Gewerkschaften neues Leben und frische Kraft bringen würde, ist als erloschen zu betrachten, seitdem es feststeht, daß sich unsere Volkswirtschaft der Krise als einer chronischen Krankheit recht wohl anzupassen vermag und nicht so leicht aus dem Leim geht, als man früher wohl dachte.

Wie ist in dieser Situation den Gewerkschaften zu helfen, damit sie trotz der für sie dauernd ungünstigen wirtschaftlichen Weltlage etwas zu erreichen vermögen?

Sehen wir zunächst zu, welche Antworten man bisher auf diese neue, Lösung heischende Gewerkschaftsfrage gegeben hat.

II.
Die Standpunkte in der Gewerkschaftsfrage.

Das Vorhandensein, die leibhaftige Existenz der neuen Gewerkschaftsfrage ist von den Arbeitern nicht nur deutlich empfunden worden, sondern sie haben auch schon versucht, dazu Stellung zu nehmen, sie zu lösen.

Viele französische, holländische und belgische Gewerkschafter haben sich zu der Ansicht bekannt, daß die Arbeiter nur dann etwas erreichen würden, wenn sie unter sich die Verabredung träfen, sämtlich am gleichen Tage die Arbeit niederzulegen, d. h. den **Generalstreik** proklamierten. Verschiedene französische Gewerkschaftskongresse wie der von Marseille (1892) und von Nante (1894) haben sich für diese Idee erklärt und an feurigen und begeisterten Fürsprechern hat es ihr auch in andern Ländern nicht gefehlt.

Trotzdem ist die „Grève générale" ein Phantom geblieben; in der harten Welt der Thatsachen ist für sie kein

Raum. Es braucht nur ein wenig nüchterne Ueberlegung, um sofort einzusehen, daß sich ein Generalstreik nicht nur viel schwieriger als ein particeller organisieren, sondern sich überhaupt nicht gewinnen läßt. Er könnte im besten Fall eine sociale Katastrophe, niemals aber eine neue und bessere sociale Ordnung, ja nicht einmal die Vorbedingung dafür erzeugen.

Die Befürworter der Generalstreiksidee übersehen völlig, daß die Hebung der Arbeiterklasse nicht nur eine pure einfache Machtfrage, sondern eine recht verzwickte und komplizierte Organisationsfrage ist, die nicht mit einem wohlgezielten Schlag, sondern nur durch langjähriges Aufbauen und schöpferisches Schaffen zu lösen ist.

Von der Unmöglichkeit, einen Generalstreik zu vereinbaren und zum Sieg zu führen, hat sich denn auch die große Mehrzahl der Arbeiter überzeugen müssen. Dagegen hat man den Gedanken einer internationalen Verbindung der nationalen Gewerkschaftsverbände, den Abschluß von internationaler Vereinbarungen zwecks gegenseitiger Hilfe, endlich die Errichtung von gewerkschaftlichen Sekretariaten, die alle Nachrichten über die geplanten und erfolgten Lohnbewegungen gegenseitig auszutauschen hätten, angeregt. Die socialistischen Weltkongresse in Brüssel (1891) und Zürich (1893) haben sich für diesen Plan ausgesprochen, aber die bisher darauf gerichteten Bestrebungen ließen bereits erkennen, daß seine Durchführung sehr schwierig und in seinem Resultat vorderhand doch nicht danach angethan ist, der Gewerkschaftsbewegung eine erhebliche größere Kraft zu verleihen. Die nationalen Vorurteile, die Vielsprachigkeit, die Rückständigkeit der Gesetzgebung und die Schwäche der meisten Landesorganisationen stehen der fruchtbringenden Verwirklichung solcher Pläne noch als kaum überwindbare Hindernisse gegenüber. Daran vermögen auch sympathische Kongreßbeschlüsse wenig zu ändern.

Ueberhaupt liegt auch in dieser Richtung nicht das instinktive Drängen der Arbeiter. Sie haben das Bedürfnis, ihre Angelegenheiten zunächst auf nationalem Boden zur Lösung zu bringen und nur wenn sich das hier nicht erreichen läßt, liegt ein wirklicher Grund vor, eine internationale Regelung zu versuchen.

In diesem Bestreben haben die deutschen Gewerkschaftsführer versucht, sich an die **politische Organisation** der Arbeiter, an die deutsche socialdemokratische Partei, anzulehnen, aus ihr Kraft und Kampfesmut für die Fachvereine zu ziehen. Sie fanden, daß es an der Zeit und geboten sei, daß die mächtige Socialdemokratie die schwache Gewerkschaftsbewegung unterstütze. Die in dieser Beziehung auf dem **Kölner Parteitag 1893** gepflogenen und später in der Presse fortgesetzten Verhandlungen sind so lehrreich und interessant, daß es sich verlohnt, darauf an dieser Stelle näher einzugehen.

Die Veranlassung dazu gab, wie bereits angedeutet wurde, die innerhalb der Gewerkschaftsorganisationen weitverbreitete Ueberzeugung, daß etwas zu ihrer Entwicklung und Stärkung geschehen müsse. Ueber das „Was" war man jedoch im Unklaren. Und wie es in solchen Fällen geht: man suchte sich einen Sündenbock, dem man die Schuld für das Unbefriedigende des Zustandes aufladen konnte. Er fand sich in den Führern der Socialdemokratie, von denen man auf Grund verschiedener persönlicher Vorkommnisse mutmaßte, sie ständen der Gewerkschaftsbewegung unsympathisch gegenüber. Das war jedoch keineswegs der Fall, und bei objektiver Würdigung der Verhältnisse hätten sich auch die unzufriedenen Gewerkschaftsführer sagen müssen, daß die politischen Parteiführer triftige Gründe hatten, sich gegenüber den an sie gestellten Ansinnen, größere Summen aus der Parteikasse für Streikunterstützungen herzugeben, ablehnend zu verhalten.

Aber auch auf der anderen Seite wurde gefehlt. Bebel verkannte völlig den tieferen Anlaß der Debatte, wenn er später (Vorwärts vom 7. Nov. 1893) gegen Legien den Vorwurf erhob, „der ganze Streit sei vom Zaun gebrochen" und Ausfluß eines „Gewerkschaftsfanatismus".

Infolge dieser persönlichen Animositäten geschah es denn, daß die Bedeutung der über die Gewerkschaftsfrage gepflogenen Debatten weniger in dem, was die Vertreter der beiden streitenden Richtungen zu sagen wußten, sondern einzig in der Thatsache lag, daß durch sie ein tiefgehender Zwiespalt in der Beurteilung des den Gewerkschaften künftig beizumessenden Wertes aufgedeckt wurde.

Wir wollen versuchen, uns die verschiedenen dabei in Frage kommenden Standpunkte klar zu machen und in ihrem Wahrheitsgehalt zu erkennen.

Bebel, der Hauptvertreter des einen Standpunktes, erklärte, daß es im Gang der Entwicklung der kapitalistischen Gesellschaft in Deutschland liege, wenn die Gewerkschaftsbewegung gegenüber der politischen immer mehr in den Hintergrund trete. Schon heute fördere die Socialdemokratie die Gewerkschaften hundertmal mehr als diese jene. Sodann müsse sich die Gewerkschaftspresse mit den kleinen Fragen beschäftigen und darin liege die große Gefahr, daß sie das große Ziel aus den Augen verliere und so der allgemeinen Verwässerung Vorschub leiste. Seinen grundsätzlichen Standpunkt begründete er mit den folgenden Worten:

„In Deutschland ist durch die socialpolitische, zumal die Versicherungsgesetzgebung, dieser Zweig der gewerkschaftlichen Thätigkeit entzogen und ihr damit ein Lebensnerv durchschnitten worden, der gerade in England und bei den deutschen Buchdruckern zur Blüte beigetragen hat. Weitere wichtige Gebiete, deren Bearbeitung mit zu den Hauptaufgaben der Gewerkschaften gehörten, sind ihnen durch die Gesetzgebung auf dem Gebiete der Gewerbeordnung entzogen worden, und das wird noch in größerem Umfange eintreten, wenn der Berlep'sche Entwurf oder auch unser eigener Arbeiterschutz-Gesetzentwurf Gesetz werden sollte. Von diesem Gesichtspunkte aus beleuchte man einmal die Frage! Mit jeder Erweiterung der staatlichen Befugnisse wird das Feld der gewerkschaftlichen Bethätigung noch mehr eingeengt. Legien hat nicht einmal auf die Züricher Resolution aufmerksam gemacht, und er war doch dabei; da steht doch ausdrücklich drin mit Hinweis auf Amerika und Australien, die gewerkschaftliche Organi=

sation allein sei ohnmächtig geworden gegenüber der konzentrierten Macht des Kapitalismus, folglich müsse jetzt der politische Kampf in den Vordergrund treten. Wir mögen gewerkschaftlich organisiert sein, wie wir wollen, wenn das Kapital einmal allgemein eine solche Macht erobert hat, wie bei Krupp und Stumm, in der Dortmunder Union, in den Kohlen- und Eiseninbustriebezirken Rheinlands und Westfalens, dann ist es mit der gewerkschaftlichen Bewegung aus, dann hilft nur noch der politische Kampf. Aus ganz natürlichen und selbstverständlichen Ursachen wird den Gewerkschaften ein Lebensfaden nach dem andern abgeschnitten." (Kölner Protokoll, pag. 201.)

Als hiergegen später eingewendet wurde, daß doch in England, trotzdem dort das Kapital eine viel größere Macht repräsentiere als in Deutschland, starke und widerstandsfähige Gewerkvereine beständen, antwortete Bebel („Vorwärts" vom 7. November):

„Eine Gewerkschaftsorganisation, wie sie die englischen Arbeiter besitzen, kann Deutschland aus tausend und einem Grunde niemals bekommen, und insbesondere ist das Beispiel der englischen Bergarbeiter, die eine der ältesten und besten Organisationen des Landes haben, ganz und gar nicht zutreffend, wenn man dabei auf die gleiche Organisationsfähigkeit der deutschen Bergarbeiter schließen wollte."

Wenn es mit diesen Anschauungen Bebels seine Richtigkeit hätte, so thäte man gut, die völlige Aussichtslosigkeit der Gewerkschaftsbewegung, ihr allmähliges Absterben zu proklamieren. Eine wesentliche Rolle im Emanzipationskampf des Proletariats könnte ihr nicht zugeschoben werden. Alle ihre Aufgaben würden von der politischen Partei der Socialdemokratie übernommen; deren Sache wäre es allein, die socialistische Gesellschaft zu etablieren und im einzelnen einzurichten. Diese Konsequenz hat Bebel auch schon bei einer früheren Gelegenheit gezogen, als er erklärte:

„Wir sind nicht in der Lage, die Herrschaft der Arbeiterklasse zu errichten auf der Gewinnung der ökonomischen Macht, wir müssen zum umgekehrten Mittel greifen. In erster Linie haben wir die politische Macht zu erobern und diese zu benutzen, um auch die ökonomische Macht durch die Expropriation der bürgerlichen Gesellschaft zu erreichen. Ist die politische Macht in unsern Händen, so findet sich das Weitere von selbst." (Erfurter Protokoll, pag. 159.)

Ob Bebel sich wohl klar gemacht hat, daß diese Behauptung der auch von ihm für richtig gehaltenen „materialistischen Geschichtsauffassung" direkt ins Gesicht schlägt?

Den gleichen Gedanken brachte auch Liebknecht auf dem Kölner Kongreß, wenn auch weniger scharf, zum Ausdruck, indem er am Schlusse seiner Rede zur Gewerkschaftsdebatte sagte:

"Wir alle sind für die Gewerkschaften, aber dagegen, daß man in ihnen das Hauptziel erblickt, daß man glaubt, durch sie allein könne die Macht des Kapitals gebrochen werden. Das Kapital kann nicht auf seinem eigenen Boden vernichtet werden. Man muß ihm den Boden unter den Füßen wegziehen und ihm die politische Macht aus den Händen reißen. Und das ist nur möglich durch politischen Kampf." (Kölner Protokoll, pag. 199).

Es kann nach diesen Aeußerungen keinem Zweifel unterliegen, daß hervorragende Führer der Socialdemokratie der Ansicht huldigen, daß die Gewerkschaftsbewegung immer mehr Nebensache wird, daß die Fachvereine die verlorenen Festungen im Kampfe zwischen Kapital und Arbeit bilden und daß die Befreiung der Arbeiterklasse nicht von der Stärke und Macht ihrer ökonomisch-socialen Organisationen, sondern lediglich von der ihrer politischen Partei abhängig ist.

Diese Anschauungen werden offenbar in weiten Kreisen der deutschen Socialdemokratie geteilt und es läßt sich gar nicht in Abrede stellen, daß gewisse sociale Thatsachen für sie zu sprechen scheinen. Daß die Gewerkschaften gegen die entwickeltsten Formen des kapitalistischen Betriebs, gegen die Kartelle schwer aufkommen können, wird niemand leugnen wollen. Ein Beispiel hiefür lieferte ein Jahr später gelegentlich der Debatte über die Kartelle der Kongreßdelegierte Hué von Essen. "Ich habe", erzählte er, "bei Krupp in Essen gearbeitet, der 17,000 Arbeiter beschäftigt. Die Zahl der gewerkschaftlich organisierten Arbeiter ist äußerst gering, dort sowohl wie bei Stumm. In diesen Riesenbetrieben besteht für den Arbeiter die Möglichkeit, allmählich zu besser dotierten Stellen aufzurücken, daher denn Schmarotzerei und Liebedienerei.... Auf dem Papier haben wir ja schon die Koalitionsfreiheit und doch kann Stumm diktieren, daß „seine" Arbeiter keine Vereine bilden dürfen." (Frankfurter Protokoll, pag. 165.)

Wer könnte sich der Richtigkeit dieser Bemerkung verschließen? Auch die vom Delegierten Gebel aus Bergedorf bei dem gleichen Anlaß aufgestellte Behauptung: „Selbst das freieste Koalitionsrecht könnte den Arbeitern nicht viel gegen die Ringe der großen Kapitalisten helfen", wird niemand als ganz aus der Luft gegriffen bezeichnen dürfen.

Man kann jedoch die wachsenden Schwierigkeiten für die gewerkschaftlichen Bestrebungen zugeben — und wir haben sie zugegeben — ohne deshalb aus dieser Thatsache die gleichen Schlüsse für die Praxis zu ziehen, die Bebel und Liebknecht daraus ziehen zu sollen glaubten. Bevor wir jedoch auf eine Kritik von deren Anschauungen in dieser Frage eingehen, wollen wir erst die Gegenpartei anhören, sowie den weiteren Verlauf der Debatte kennen lernen.

Die Gewerkschaftsanhänger traten auf dem Kongresse selbst wenig mit sachlichen Argumenten hervor. Von Bedeutung waren nur die folgenden Sätze in den Reden der Abgeordneten Schippel und Legien.

Schippel: „Was Bebel zum Schlusse sagte von der Gesetzgebung und der fortschreitenden Kapitalskonzentration, die den Gewerkschaften den Boden abgraben sollen, drückt eine weit verbreitete Anschauung aus, die eins der wesentlichsten Hindernisse des Fortschreitens der Gewerkschaften ist. Ist das richtig, so klären wir doch besser die Gewerkschaften über die Nutzlosigkeit auf, wie es Keßler macht. Es ist das aber meiner Meinung nach eine grundfalsche Anschauung in unserer Partei, und zwar nach beiden Richtungen. Vielfach liegt es umgekehrt. Wenn wir Arbeiterschutzgesetze erreichen, werden uns die bestehenden Gewerkschaften bahnbrechend vorausgegangen sein. Für den 10-, den 9-Stundentag sind die Gewerkschaften die Vorfechter gewesen. Wo steht der Achtstundentag näher? Bei uns, die wir 14, 16, 18 Stunden Arbeitszeit, aber eine starke politische Partei haben, oder in England, wo keine politische Partei existiert, wo die Arbeiter noch vielfach gegen ein Achtstundengesetz stimmen, wo aber z. B. die Bergleute den Achtstundentag gewerkschaftlich errungen haben? Mit der Schablone läßt sich da nichts machen. (Bebel: Aber die politische Macht der englischen Arbeiter!) Man soll also die Wirkung der Gewerkschaftsbewegung nicht unterschätzen, man soll nicht meinen, die Entwicklung dränge dahin, daß ihr der Boden unter den Füßen fortgezogen wird. Wenn das Kapital wächst, organisieren sich auch die Arbeiter, die Dinge sind gar nicht zu trennen, und man soll darum energisch für beides, gewerkschaftliche und politische Organisation, eintreten."

Legien: „Die Arbeiterschutzgesetzgebung des Reichs ist ganz minimal; wie sie heute besteht, nimmt sie den Gewerkschaften nichts von dem Raume weg, den sie zur Entwicklung haben; ihre Bedeutung gewinnt vielmehr gerade durch diese Gesetzgebung. Ohne die Kontrolle durch die Gewerkschaften würde diese Arbeiterschutzgesetzgebung wenig zu bedeuten haben. Der Boden ist ihr auch durch die Versicherungsgesetze durchaus nicht entzogen. Die gewerkschaftliche Organisation wird in ihrer heutigen Form so lange dauern, als die kapitalistische Produktionsweise bestehen bleibt. Ihr Bestehen wird so lange eine Notwendigkeit sein, als es einen Streit um den Anteil am Produkt zwischen Arbeitern und Unternehmern gibt."

Mit diesen Ausführungen so wenig wie mit denen Bebels und Liebknechts war die Sache, um die es sich hier handelte, erschöpft. Zu der Höhe einer klaren prinzipiellen Auseinandersetzung erhob sich wie in anderen, so auch in diesem Falle die Debatte nicht. Da nichts dabei herausgekommen war als eine erhöhte Gereiztheit der politischen und Gewerkschaftsführer, so war es von vornherein klar, daß, weil die Frage sachlich nicht erledigt worden, sie von neuem wieder kommen würde, und in der That verhallte denn auch die Mahnung des Parteivorstandes nach dem Kölner Kongreß: „das Bindende zu suchen und das Trennende zu meiden" völlig wirkungslos. Tiefe sachliche Differenzen lassen sich eben auch mit den salbungsvollsten Redensarten nicht verkleistern.

Kaum war der Kölner Kongreß geschlossen, so begann auch schon die Fortsetzung der Debatte über die Gewerkschaften in der Presse.

Sie wurde durch einen Artikel des Stuttgarter Gewerkschaftsführers Kloß im „Vorwärts" eröffnet. Kloß äußerte darin sehr richtig, daß die Kongreßdebatte „wohl noch tüchtig fortgesetzt werden müsse, ehe sie zu einem Ergebnis führt, das die Gesamtheit der Parteigenossen befriedigt. Das Ergebnis der Kölner Debatten war vorläufig, wenigstens für die Außenstehenden, ein schriller Mißton, dessen Widerhall aus Gewerkschaftskreisen kaum ausbleiben wird." Kloß wandte sich nun zunächst gegen die Ansicht Bebels, daß die socialdemokratische Partei für die Gewerkschaften mehr leiste und wichtiger wäre, als umgekehrt. „Die Gewerkschaften sind der politischen Bewegung in erster Linie eine unentbehrliche Quelle wirtschaftlicher Erkenntnis, und je höher der Kapitalismus wächst, desto wichtiger wird diese Quelle . . . Die Gesamtheit der Fachvereine liefert, indem sie immer neuen Stoff aus dem Berufsleben an die Oberfläche wirft, das Material zur genauen Erkenntnis der kapitalistischen Fortschritte, und ohne diese täglich fortschreitende Erkenntnis der stetig neuen Erscheinungen, welche der Klassengegensatz gebiert . . ., wären wir auch keine mit der Zeit fortschreitende Partei." Aber auch abgesehen davon hätten die Gewerkschaften eine hohe Bedeutung für die von der Partei als Endziel angestrebte Umwälzung der Wirtschaftsweise und Eigentumsverhältnisse. Der Ersatz der Privatwirtschaft durch eine kollektivistische Verwaltung könne nicht ohne eine stetig wachsende Gewerkschaftsbewegung erreicht werden. „Wenn wir später kommunistisch verwalten wollen, so brauchen wir eine Vorschule für diese Thätigkeit." Diese könne die politische Bewegung, in der nur für wenig Verwaltungskräfte Raum sei, nur zum geringsten Teile abgeben, in den Gewerkschaften hingegen seien tausend und abertausend Posten, auf denen Disponieren, Verwalten, die Kunst, eine Entscheidung im richtigen Augenblick zu treffen, gelernt werden könne. Für Gelegenheiten hierfür müsse gesorgt werden, „wenn wir nicht völlig unreif in die notwendig werdende Neuorganisation der Gesellschaft hineinkommen wollen". Wie unter solchen Umständen von einem nebensächlichen Wert der Gewerkschaften gesprochen werden könne, sei unverständlich. „Uebrigens empfängt heute schon, trotz dem unbefriedigenden Stand der Dinge, die politische Bewegung von der gewerkschaftlichen viel mehr, als sie ihr giebt. Der tüchtigste Nachwuchs für die politische Bewegung kommt aus den Gewerkschaften." Schließlich verlangte Kloß, daß die Partei nicht aufhören dürfe, in in den Gewerkschaften den unersetzlichen Jungbrunnen für die theoretische und praktische Förderung unserer großen Sache zu sehen.

Wenige Tage darauf erschienen als Antwort zwei Artikel von Bebel (Nro. vom 7. und 8. Nov. 93) im „Vorwärts". Bebel erklärte, daß niemand Veranlassung gehabt hätte, seine Stellung zu den Gewerkschaften in der Weise anzugreifen, wie das in Köln seitens Legien und jetzt wieder seitens Kloß geschehen sei. Er sei kein Gegner der Gewerkschaften, sondern habe nur vor ihrer Ueberschätzung gewarnt. Ganze Schichten von ländlichen Arbeitern und auch hunderttausende von Industrieproletariern vermöchten sich infolge des politischen und socialen Drucks, der auf ihnen laste, nicht gewerkschaftlich zu organisieren. Er erinnerte an die Arbeiter in den staatlichen Eisenbahnwerkstätten und -Betrieben, an diejenigen in den Militärwerkstätten, an die Arbeiter in der großen Eisenindustrie, wie sie bei Krupp, Stumm, in der Dortmunder Union ꝛc. beschäftigt sind, und namentlich auch an die in den Staatswerken, Gruben und Hüttenwerken beschäftigten Arbeiter. „Dort haben die Socialdemokraten, wie die Abstimmungen zur Reichstagswahl in Dortmund, Bochum, Essen, dem Saarrevier u. s. w. beweisen, bereits zehntausende von Anhängern, wohingegen gewerkschaftliche Verbände unmöglich sind, oder wenn sie gegründet wurden, wie der Bergarbeiter-Verband und der Rechtsschutzverein im Saargebiet, durch das gewaltthätige Vorgehen staatlicher und privater Unternehmer zu Grunde gerichtet wurden."

Aber nicht, um von der Gewerkschaftsbewegung abzuschrecken, erklärte Bebel dann, habe er in Köln die Hindernisse besprochen, mit denen sie zu kämpfen hätte, sondern nur um zu erklären, warum die deutsche Gewerkschaftsbewegung hinter den auf sie gesetzten Erwartungen zurückgeblieben sei und daß die politischen Führer keine Schuld daran trügen. Dann fuhr er fort:

„Allerdings habe ich dann weiter darauf hingewiesen, daß bei dieser Art der Entwickelung der Kampf in Deutschland vorzugsweise ein politischer werde — bei der sich die Gewerkschaften als solche schon aus Gründen der Vereins- und Versammlungsgesetzgebung schwer beteiligen könnten — und daß mit der steigenden Uebermacht der sich immer mehr konzentrierenden Kapitalmacht dieser Kampf auch immer mehr ein Kampf um die politische Macht werden müßte. Dabei bleibe ich stehen, allen entgegengesetzten Ausführungen zum Trotz." — Zu dieser Anschauung habe sich auch der internationale Kongreß in Zürich bekannt, der die Gewerkschaftsorganisationen der Vereinigten Staaten und Australiens aufgefordert hätte, socialistische Arbeiterparteien zu bilden, „weil die Entwicklung des Kapitalismus in diesen Ländern ein Stadium erreicht hat, bei der die rein ökonomische Organisation der Arbeiter absolut ohnmächtig wird."

Kloß replizierte hierauf sehr gelassen und in offensichtlichem Bestreben, den Streit beizulegen („Vorwärts" Nro. 267): Wenn es richtig sei, daß der Kampf immer mehr ein Kampf um die politische Macht werden müsse — und auch er halte sich davon überzeugt —, so brauche man die Gewerkschaften um so nötiger als Vorschulen und Drillmeister. Je heftiger der politische Kampf werde, desto weniger könne die Partei für die stille Schulung in der Verwaltung der eigenen Angelegenheiten sorgen, und doch werde diese Schulung immer notwendiger. „Wir wollen doch nicht glauben, daß wir einen socialistischen Staat verwalten könnten, ehe nicht wenigstens die Mehrzahl der Arbeiter durch diese Schule gegangen ist,"

Den Faden, welchen Kloß fallen ließ, nahm nun der Hamburger Gewerkschaftsführer von Elm auf. Er war der letzte, der etwas Gehaltvolles zur Sache vorzubringen wußte. Nach ihm ergreift nochmals Bebel das Wort, aber was er sagte, bewies nichts für noch gegen seinen oder seiner Gegner Anschauungen, sondern leitete die Diskussion in das Gebiet fruchtloser persönlicher Zänkereien über, auf dem sie dann auch resultatlos verlosch.

Doch hören wir noch, was von Elm geltend machte:

„Aus tausend und einem Grunde kann" — nach Bebel — „Deutschland eine Gewerkschaftsorganisation, wie sie die englischen Arbeiter besitzen, niemals bekommen. Würde Bebel uns von diesen vielen Gründen nur wenige genannt haben, so könnten wir dieselben auf ihre Stichhaltigkeit prüfen. Bebel bezweifelt, daß die deutschen Bergarbeiter die gleiche Organisationsfähigkeit wie ihre englischen Kollegen besitzen. — Die Gründe blieb er uns auch hier schuldig. Für ihn ist das eine offenkundige Thatsache, über die er kein Wort zu verlieren braucht. Eine offenkundige Thatsache ist für mich — soweit die ökonomische Entwickelung der beiden Länder in Frage kommt — nur, daß Deutschland gegenüber England um gut ein Menschenalter zurück ist, und daß demzufolge auch die wirtschaftliche Bewegung der Arbeiter in Deutschland heute nicht so weit entwickelt sein kann, wie in England. Aus den Ausführungen Bebels tritt wieder einmal der Gedanke von einer baldigen Verwirklichung unserer Ziele speziell in Deutschland hervor — auf mich haben die Prophezeiungen Bebels nun noch niemals überzeugend gewirkt. „Das Wirken einer größeren Arbeiterzahl zur selben Zeit in demselben Raume, zur Produktion derselben Waarensorte, unter dem Kommando desselben Kapitalisten, bildet" — nach Marx — „historisch und begrifflich den Ausgangspunkt der kapitalistischen Produktion." Von diesem Ausgangspunkt sind wir in Deutschland denn doch noch ziemlich entfernt angesichts der großen Ausdehnung, welche in Deutschland noch die Kleinindustrie und die kapitalistische Privatwirtschaft hat. Alle unsere Wahlsiege werden mein Urteil nicht erschüttern; der alle Kräfte lähmende Militarismus wird in Deutschland und zwar bald zusammenbrechen — aber damit noch nicht das kapitalistische System. Und weil dies meine feste Ueberzeugung ist, deshalb hat für mich der wirtschaftliche Kampf auch eine weit größere Bedeutung, als für Bebel — ich halte denselben für notwendig — nicht nur weil derselbe den Arbeitern aufgezwungen wird — sondern auch grundsätzlich, um die kapitalistische Entwicklung zu beschleunigen. Niederlagen der Arbeiter irritieren mich nicht — sie wirken immerhin noch, wie der Sturm auf eine Festung, der doch schließlich auch die Widerstandskraft der Belagerten schwächt . . . . Ohne starke wirtschaftliche Organisationen und damit verbundener wirtschaftlicher Macht wird die Arbeiterklasse auch politisch ohne nachhaltigen Einfluß sein. Papierene Gesetze sind noch lange keine wirklichen Gesetze. Mögen die Gesetzgeber beim Erlaß der Gesetze selbst das größte Wohlwollen für die Arbeiter empfunden haben, in der Wirklichkeit gestalten sich die Dinge ganz anders; will man dafür einen kleinen Beweis, so braucht man nur die rigorosen Bestimmungen der von den Kapitalisten den Arbeitern aufgezwungenen Arbeitsordnungen einmal zu studieren. Unsere ganze politische Thätigkeit für die Arbeiter ist pro nihilo, wenn wir dieselben nicht gleichzeitig wirtschaftlich organisieren. Nicht vor einer Ueberschätzung der Gewerkschaftsbewegung in Deutschland ist zu warnen, wohl aber vor einer Unterschätzung derselben, da durch diese in hohem Maße die Möglichkeit einer Existenzverbesserung für viele Tausende gefährdet erscheint." (Vorwärts Nro. 270.)

Niemand wird behaupten können, daß die Debatte dazu angethan war, Klarheit in die Gewerkschaftsfrage zu bringen. Wir haben aus den Kongreßverhandlungen und späteren Artikeln nur das Substanzielle herausgeschält, alles Unwesent=

liche und Persönliche fortgelassen und trotzdem macht es noch
Mühe, das Richtige vom Falschen zu sondern, das zugleich
und fast unaufhörlich in den beiden streitenden Standpunkten
miteinander verquickt ist. Der Hauptfehler war, daß man die
Frage nicht scharf formulierte, sie nicht in ihrer internationalen
Allgemeinheit behandelte, sondern sie nur in ihrer spezifisch
deutschen Gestalt vor Augen hatte, mit Voraussetzungen, die
nur für Deutschland gelten, an sie herantrat und dabei doch
ein allgemein gültiges und richtiges Resultat anstrebte.

In Deutschland liegt die Gewerkschaftsfrage ganz anders
als in anderen Ländern, steht die Gewerkschaftsbewegung unter
Verhältnissen, die anderswo nicht existieren. Daraus erklärt
sich eben auch die Schwierigkeit, sie richtig aufzufassen, die
Konfusion, welche bei ihrer Erörterung hervortrat. Deutschland ist ein Reich, in dem die politischen Voraussetzungen
für eine starke Gewerkschaftsbewegung noch gar nicht vorhanden sind. Die Behörden der Staatsregierung gewähren
ihr nicht einmal den freien Spielraum und diejenige Bewegungsfreiheit, auf die sie nach den völlig ungenügenden
Vereinsgesetzen, die noch dazu in jedem der Bundesstaaten
verschieden sind, ein gesetzliches Recht haben. Die von den
Verwaltungs- und Justizbehörden ausgebildete Praxis in der
rechtlichen Behandlung der Gewerkschaften ist darauf angelegt,
ihnen möglichst viele Hindernisse in den Weg zu legen, ihre
Wirksamkeit durch empörende Kniffe und Auslegungskünste,
also durch ungerechte und unkluge politische Eingriffe zu
untergraben und zu vernichten. Deshalb hat es auch für
Deutschland seine Berechtigung und einen tiefen Sinn, wenn
dort die Arbeiter vorderhand alle Kraft und Energie, die in
ihnen pulst, daran setzen, um ein anderes Regime, eine ver-
nünftigere und loyalere Handhabung der Staatsgewalt gegenüber ihren Bestrebungen zu erlangen.

Aber nun beginnt bei Bebel der Irrtum, wenn er glaubt,
weil dem so ist, werde die Gewerkschaftsbewegung künftig

immer mehr in den Hintergrund treten und die politische eine stetig wachsende Bedeutung erlangen. Nichts falscher als das.

Die Bedeutung der politischen Bewegung der Arbeiter, also der socialdemokratischen Partei in ihrer gegenwärtigen Gestalt, ist nur vorübergehend, die Partei hat ihr Ziel erreicht, sobald es ihr gelungen ist, in Deutschland ein modernes wirklich bürgerlich-demokratisches Staatswesen an Stelle des jetzigen, halb feudalen und ganz polizeistaatlichen aufzurichten. Die Socialdemokratie hat nur ein rein politisches Problem zu lösen, das Problem der deutschen Demokratie, und jeder freiheitsliebende Mann kann ihr dazu nur von ganzem Herzen einen baldigen Erfolg wünschen. Aber indem sie ihre politische Aufgabe löst, mit andern Worten der über den halbfeudalen Polizeistaat hinausgewachsenen deutschen Gesellschaft ein neues passendes republikanisches Staatskleid anzieht, macht sie die Gewerkschaften nicht vollends überflüssig, sondern schafft für sie erst die politischen Voraussetzungen ihres Gedeihens, stößt ihnen das Thor zu dem Felde offen, auf dem sich Kapital und Arbeit die künftigen und entscheidenden Schlachten liefern werden.

Nun erst werden sich die Gewerkschaften entwickeln und zur rechten Blüte gelangen, können die Arbeiter alle Quellen ihrer Kraft frisch sprudeln lassen und die ganze Macht ihrer ökonomischen Solidarität frei entfesseln und in den Kampf führen. Dann erst gilt es für sie eine neue gesellschaftliche Ordnung zu fundamentieren, sich so zu organisieren, daß ihre Lage wirklich und dauernd gebessert und ihre sociale Stellung geändert wird. Kurz, dann erst wird die Frage nach der socialistischen Gesellschaftsordnung, die in erster Linie keine Macht-, sondern eine Organisationsfrage ist, in ihrem ganzen Umfang auf die Tagesordnung gesetzt und gelöst werden können.

Die Socialdemokratie hat also in Deutschland eine politische Machtfrage zu lösen, die sie in absehbarer Zeit hoffentlich lösen kann: die Gewerkschaften dagegen haben sich an einem socialen Organisationsproblem zu versuchen, das noch vielen Generationen zu arbeiten geben wird und das erst dann recht in Angriff genommen werden kann, wenn in Deutschland die Frage „Monarchie oder Republik" bereits zu gunsten der letzteren entschieden ist.

So stehen die Dinge im Deutschen Reich. Man erkennt nun leicht, wo der Grundirrtum in Bebel's Ansicht über die Gewerkschaftsfrage steckt. Er fühlt deutlich das gegenwärtige Uebergewicht der mächtigen politischen Bewegung der Socialdemokratie gegenüber der Gewerkschaftsbewegung, aber er erklärt diese Thatsache falsch und zieht infolgedessen auch falsche Schlüsse aus ihr. Statt darin ein nur den deutschen Zuständen besonders eigentümliches Faktum zu erkennen, hält er sie für eine durchgehend in allen Ländern vorhandene Erscheinung. Er übersieht, worauf von Elm und Schippel anspielten, daß in England die Trades-Unions ein viel bedeutenderer Machtfaktor sind als die dortigen socialdemokratischen Parteibestrebungen. Das gleiche läßt sich auch von der Schweiz und Frankreich sagen, besonders wenn man die Rolle, welche hier die Gewerkvereine spielen, vom Standpunkt ihrer socialen Wirksamkeit betrachtet, und ihre Resultate dann mit denen der hier wirkenden Socialdemokratien vergleicht. Letztere machen wohl den größeren Lärm, aber für die Hebung der Arbeiterklassen leisten die Gewerkschaften unzweifelhaft viel mehr als die politischen Organisationen. Diese stützen sich geradezu auf jene. Und indem nun Bebel diesen wichtigen Thatbestand aus dem Auge läßt, kommt er zu der falschen Anschauung, — in der ihn noch eine verkehrte Doktrin bestärkt — der Zug der Zeit, die Entwicklung des Kapitalismus schneide die Lebensnerven der Gewerkschaftsbewegung nach und nach ab und dränge zu der politischen Abschaffung der socialen Gebrechen, zur Befreiung der Arbeiter durch die Staatsgewalt.

Wenn das richtig wäre, so müßten die Arbeiter jener

Länder, in denen man auf politischem Gebiet bereits vieles von dem eingeführt hat, was in Deutschland erst noch zu erreichen ist; in denen vielleicht sogar schon mehr an freien und gesunden Staatseinrichtungen vorhanden ist, als sich dort für die nächste Zeit im günstigsten Falle erlangen läßt, — also in England, Frankreich und der Schweiz müßten, wenn Bebel recht hätte, die Arbeiter entweder unglaublich thöricht sein oder die gewerkschaftlichen Bestrebungen längst als aussichtslos an den Nagel gehängt haben. Aber weder das eine noch das andere ist der Fall: es fällt den Arbeitern in diesen Ländern im Ernste gar nicht bei, von der Eroberung der Staatsgewalt und der Diktatur des Proletariats zu träumen, und alle Versuche, ihnen diese thörichten marxistischen Illusionen einzuimpfen, scheitern. Nur in den unausgelüfteten und zerfallenden Gelassen der deutschen Polizeistaatsruine konnte sich dies doktrinäre Gespinnst festsetzen.

Wir behaupten, daß der Kapitalismus gar nicht imstande ist, den socialwirtschaftlichen Organisationen der Arbeiter auch nur einen einzigen Nerv zu durchschneiden und daß, wenn er es könnte, die Eroberung der Staatsgewalt durch das Proletariat erst recht ein aussichtsloses Bemühen wäre. Denn nur nach Maßgabe der von den Arbeitern socialwirtschaftlich erworbenen Macht können sie in der Politik, d. h. im Kampf um die staatliche Rechtsordnung als wirkender Faktor auftreten. Ihre politische Bedeutung hängt von ihrer gesellschaftlichen Position ab. Ist die letztere schwach, so kann die erstere nicht groß sein. Die gesellschaftlichen Machtverhältnisse bestimmen eben den Staat, seine Einrichtungen und Gesetze, aber von dem Willen der Könige und Parlamente, den Befehlen der Bureaukraten und Polizisten hängt zum Glück niemals unsere gesellschaftliche Verfassung ab. Die Politik kann daher auch nicht eine social schwache und bedrückte Klasse zur Macht und Freiheit führen: nur dann, wenn eine Klasse auf festen und sicheren Füßen in der Gesellschaft steht, ver=

mag sie im Staat diejenige Rechtsordnung anzubefehlen und durchzusetzen, die ihre Interessen schützt und sichert.

Aber verleitet durch die Thatsache, daß es in Deutschland eine rapid anschwellende socialdemokratische Bewegung und nur eine verhältnißmäßig schwache Gewerkschaftsorganisation giebt, stellt Bebel die Dinge auf den Kopf und will mit politischer Agitation und Staatseingriffen und -geboten die sociale Macht des Kapitalismus vernichten. Er täuscht sich völlig über den Charakter und das Ziel der Socialdemokratie. Während er wähnt, es sei ihre Mission, die socialistische Gesellschaft einzuführen, ist es ihr nur um einen politischen Scenenwechsel auf der Bühne der bestehenden Gesellschaftsordnung zu thun. Auf dem Boden der kapitalistischen Volkswirtschaft den zum socialen Entwicklungshinderniß entarteten monarchistisch-junkerlichen Staat durch eine Bewegungsfreiheit gewährende bürgerlich-radikale Republik zu ersetzen, — dahin drängt als nach ihrem eigentlichen geschichtlichen Ziel jene imposante Volksbewegung, die sich deutsche Socialdemokratie nennt. Voilà tout. Wer sie einmal bis auf die Nieren untersucht hat, der muß zu der Ueberzeugung gelangen, daß sie keineswegs eine reine Arbeiterbewegung ist, wie noch vielfach angenommen wird, auch nicht der politische Ausdruck einer solchen, sondern, wie von mir schon bei anderer Gelegenheit unwiderlegt nachgewiesen wurde*), eine politische

---

*) **Der Klassenkampf in der deutschen Socialdemokratie.** Zürich, Verlagsmagazin, 1892. Diese Schrift wurde bei ihrem Erscheinen von der die socialdemokratische Presse in Deutschland fast völlig beherrschenden kleinbürgerlich-marxistischen Clique totgeschwiegen, „angemessen ignoriert"; wie Herr Ed. Bernstein bei einer späteren Gelegenheit (Sept. 1894, Neue Zeit XII 2, pag. 728) so treffend sagte. Natürlich! das „Ignorieren" scheint diesen Leuten immer „angemessen", wo es unwiderlegbare neue Wahrheiten und unbequeme Thatsachen zu hören und zu sehen giebt. Dagegen sich taub und blind zu zeigen, — das ist seit Jahren die Quintessenz der Leistungen der denkunfähigen Epigonen eines Denkers wie Marx!

Dagegen hat man mich wegen dieser Schrift in der schmählichsten Weise verlästert; und was ich seitdem auch immer thun und schreiben

Partei, in der die verschiedensten socialen Klassen Deutschlands, namentlich aber die kleinbürgerlichen stark vertreten und zu großem Einfluß gelangt sind. Eine solche Partei, die von allen Seiten Zufluß und Unterstützung empfängt, wo das

mochte, — es wurde verdreht, mit lügnerischen Zuthaten versehen und dann in der gewissenlosesten Weise gegen mich ausgebeutet. Aber alle diese Künste wollten nicht recht wirken. Da passierte meinen Feinden mit einem Male ein ganz unerwartetes Glück. Im Hochsommer 1893 wies mich die Regierung des Kantons Bern infolge einer perfiden Denunciation als „gefährlichen Socialrevolutionär" aus, gerade in dem Moment, wo ich mich vollends von der Unsinnigkeit aller „socialrevolutionären" Flausen, die auch mich als Gläubigen der politischen Lehren des kommunistischen Manifests früher verwirrten, überzeugt hatte. Zur Abwehr der gegen mich verhängten ungerechten Maßregel hatte mein verehrter akademischer Lehrer, Herr Prof. Dr. A. Oncken in Bern, die Hochherzigkeit, aus eigenem Antrieb mit einer Erklärung über die socialpolitischen Ansichten seines früheren Schülers hervorzutreten. Obwohl aus dieser Erklärung für jeden Vernünftigen nur herauszulesen war, daß ich kein orthodoxer Marxist und socialdemokratischer Parteigänger mehr sei, also etwas, was durchaus den Thatsachen entsprach und nicht zum mindesten ehrenrührig war, so genügte das doch den socialdemokratischen Pharisäern, um mich als einen gesinnungslumpigen „Renegaten" zu steinigen. Die gleichen Leute, die mich mit den gemeinsten Mitteln aus der Partei herauszueckeln bemüht waren, geberdeten sich nun mit einem Male wie toll, als sie vernahmen, daß ich die Gemeinschaft mit ihnen öffentlich ablehnen ließ. Sie bedeuteten mir, ich sei es meiner Ehre schuldig, der Erklärung des Herrn Prof. Oncken entgegenzutreten. Elende, nichtswürdige Zumutung, dem Mann, der sich mir in schwerer Not als einziger wahrer Freund bewährte, mit schnödem Undank zu lohnen, und das jenen Kreaturen zu lieb, die ihre Schadenfreude über das mich betroffene Geschick kaum zu meistern wußten!

Herr Bernstein nutzte nun diesen Sachverhalt gegen meine obengenannte Schrift aus, indem er behauptete, daß „deren Verfasser in persona eine drastische Illustration zur Falschheit ihres Inhalts geliefert" habe, d. h. dadurch, daß er aufhörte, revolutionärer Marxist zu sein. Diese Sorte von Beweisführung ist ungemein wohlfeil und kann nur einem Parteifanatiker zwingend erscheinen. Ich habe kein Wort zur Widerlegung für sie übrig.

Ich gebe heute bedingungslos zu, daß mein allgemeiner Standpunkt, von dem aus ich jene Schrift schrieb, falsch und unreif war. Ich habe mir Mühe gegeben und den Mut gehabt, auch noch nachher etwas zu lernen — was die Marxisten, seitdem sie sich das „Kapital" einpaukten, nicht von sich sagen können — und dadurch bin ich zu meinem heutigen Standpunkt gelangt, den ich für den richtigeren und höheren halte. Meine im „Klassenkampf" niedergelegten Anschauungen waren für mich eine notwendige Durchgangsphase zu den in dieser

Bedürfnis nach besserer und verständnisvollerer Verwaltung, nach gerechterer, das Volksbewußtsein nicht verletzender Rechtspflege vorhanden ist, muß naturgemäß auch von der Arbeiterbewegung Förderung erhalten. Denn die Arbeiter empfinden die Rückständigkeit des allen liberalen Geistes entbehrenden,

Schrift entwickelten. Sie mögen wiederum verkehrt sein, jedenfalls aber war ich ehrlich bemüht, nach der Wahrheit zu suchen, und was ich schrieb und schreibe, kommt nicht aus dem Tintenfaß, sondern entströmt meiner reinsten, innigsten Ueberzeugung. Ich bin mit dem Herzen dabei gewesen.

Herr Bernstein hatte übrigens am allerletzten ein Recht dazu, mir meinen falschen Standpunkt vorzuwerfen, war er doch nichts anderes als die Konsequenz der politischen Doktrinen von Marx. Auch die Methode, nach welcher die Schrift gearbeitet war, entsprach der „materialistischen Geschichtsauffassung". Ich versuchte aus der sozialen Zusammensetzung, dem Unterbau der Socialdemokratie, verschiedene auffällige Erscheinungen und Widersprüche des Parteilebens zu erklären. Gerade also die „Parteigelehrten" hätten aus der totgeschwiegenen „Schmähschrift" bei einiger Objektivität und etwas ernsthaftem Nachdenken manches lernen können, wie das viel klügere Leute wie sie sich nicht geniert haben zu thun. Aber sie wollen und können nichts mehr lernen; das ist nur schlimm für sie und die deutsche Arbeiterklasse, nicht für mich. Ich glaube ihnen versichern zu können, daß sie für ihren dünkelhaften Hochmut noch einmal gründlich abgestraft werden und zwar von jenen, die sie heute demagogisch umschmeicheln und deren Interessen sie dabei doch arg vernachlässigen.

Anerkennung meines redlichen Strebens, nach bestem Wissen und Gewissen den höheren Kulturinteressen der Arbeiter zu dienen, verlange ich von niemand, weiß ich doch, daß sie mir nur die Zeit bringen kann. Und eine große Genugthuung habe ich schon von ihr erhalten: sie lag in der Berliner Rede des Herrn August Bebel nach dem Frankfurter Parteitag. Was Bebel damals ausführte, deckte sich fast wörtlich mit dem 3. Kapitel meiner Schrift, ohne daß jener aus dieser geschöpft hatte!

Eins aber muß ich mir doch für künftig entschieden verbitten; die verleumderischen Besudelungen meiner Ehre. Man mag mich Narr, Esel, Dummkopf oder Idiot nennen, so viel man will, man mag meinen Intellekt mit allen möglichen Mitteln kompromittieren oder totzuschlagen versuchen. Das Recht dazu erteile ich hiemit jedermann feierlichst zu ausgiebigstem Gebrauch. Aber meine persönliche Ehrenhaftigkeit in Frage zu stellen, dazu hat niemand weder Grund noch Anlaß, es sei denn, er wolle mich moralisch meucheln, weil er mich geistig nicht zu vernichten vermag. Den journalistischen Buschkleppern, die sich getroffen fühlen, mache ich bekannt, daß ich Verleumdungen nicht mehr zu dulden gewillt bin. Herr Karl Kautsky wird ihnen aus eigener Erfahrung bestätigen können, daß ich in Ehrensachen kein socialdemokratisches „dickes Fell" habe und nicht mit mir spaßen lasse.

in reaktionären Orgien schwelgenden Staatswesens am meisten, leiden am härtesten unter seinen kulturwidrigen Praktiken. Sie sind daher auch verhältnismäßig am zahlreichsten in dieser Partei vertreten.

Aber völlig verkehrt wäre es nun — und damit kommen wir zu dem Irrtum der Gewerkschaftsführer — zu glauben, eine Partei von solcher socialen Zusammensetzung und diesen Aufgaben könne nebenher und ohne gegen ihren Selbstzweck zu verstoßen, den ökonomisch socialen Bestrebungen der Arbeiter wirksam zu Hilfe kommen. Diese können mit Recht nur von der Partei die Erkämpfung vorteilhafter rechtlicher Bedingungen, unter denen sie an ihrer Emanzipation besser zu arbeiten vermögen, verlangen. Einen anderen Effekt für ihre Unterstützung der Partei zu erwarten, ist eine Thorheit. Mit einer Partei verhält es sich wie mit dem Staate. Sie vermag nur in anderer Form wiederzugeben, was sie vorher bekommen hat. Sie verwandelt die in sie hineingeschossene sociale Macht ihrer Anhänger in politische Einrichtungen, Gesetze und Verwaltungsmaßregeln, setzt sie ein zur Erkämpfung einer ihr entsprechenden Rechtsordnung. Aber der umgekehrte Prozeß, die Verwendung politischer Macht in sociale ist direkt nicht möglich und widerstreitet auch dem Zweck, der einer politischen Partei gesetzt ist.

Wir sind nun hiernach sehr wohl bereit, die Thatsache zugeben, auf welche Legien seine Klagen gegen die Parteileitung basierte, die Thatsache nämlich, daß die Socialdemokratie die Gewerkschaftsbewegung nicht in dem Maße und in der Weise gefördert hat, wie Legien es als wünschenswert annahm. Aber was kann die Parteileitung dafür, daß Legien Unmögliches verlangt? Statt sich zu sagen, daß seine Wünsche unerfüllbar, seine Ansprüche an die Partei ohne innere Berechtigung erhoben worden seien, schob er die Schuld an der Schwäche der Gewerkschaftsbewegung den Parteiführern zu. Seine Beweisführung mußte unter diesen Umständen natürlich völlig mißlingen und erschöpfte sich denn auch in allerlei Ungereimtheiten. Alle Angeschuldigten konnten nachweisen, daß sie die Gewerkschaften immer nur zu fördern, niemals zu hindern gesucht hätten. Wenn danach die Gewerkschaftsbewegung nicht den glänzendsten Aufschwung genommen, der ihr zu wünschen gewesen wäre, so hat es sicher nicht an der persönlichen Sympathie der Parteiführer für die Fachvereine gefehlt. Die Socialdemokratie konnte in ihrer Eigenschaft als einer politischen Partei thatsächlich nichts wesentliches zu gunsten der Gewerkschaften thun, ihr keine siegreiche Kraft verleihen und ihre sociale Macht vergrößern. Im Gegenteil, sie mußte ihr sogar noch von der letzteren nehmen, ihr Kräfte für ihre eigenen politischen Zwecke entziehen. Die Gewerkschaften waren, wie Kloß sehr richtig nachwies, stets der gebende, die Socialdemokratie der nehmende Teil, womit nicht behauptet werden soll, daß dies Verhältnis verkehrt, schädlich und widersinnig gewesen sei. Es entsprach vielmehr der Logik der Thatsachen, war ganz natürlich, durchaus normal und von keinem Gesichtspunkt aus zu beklagen. Was die Gewerkschaften in die Socialdemokratie an socialem Machtkapital eingeschossen haben, hat sich rentiert, ist den Gewerkschaften indirekt wieder zu gute gekommen, aber eine Erhöhung ihrer Stärke konnte es direkt nicht zur Folge haben.

Der Verlauf des Kölner Kongresses hat auch gezeigt, wie verkehrt Legiens Auffassung von dem Verhältnis der socialwirtschaftlichen Gewerkschaftsbewegung zur politischen Parteibewegung war. Der socialdemokratische Kongreß that, was er konnte: er nahm eine Resolution an, in welcher den Parteigenossen von neuem die Pflicht auferlegt wurde, „unermüdlich für die Erkenntnis der Bedeutung der gewerkschaftlichen Organisation zu wirken und mit aller Kraft für deren Stärkung einzutreten".

Was kann man vernünftigerweise mehr verlangen? Und doch ist trotz dieser von Sympathie überfließenden Resolution in der Gewerkschaftsbewegung alles beim alten geblieben. Es ist vielleicht angebracht, diese Thatsache von berufener Seite festtellen zu lassen und wir geben deshalb dem bereits früher zitierten „bekannten Gewerkschaftspraktiker" der Leipziger Volks= zeitung nochmals das Wort. Er bemerkt völlig zutreffend:

„Hätte die irrtümliche Ansicht (Legiens, das Verhalten der Parteiführer sei an der Schwäche der Gewerkschaften schuld) auch nur einen Schein von Berechtigung gehabt, so hätte nach dem Kölner Parteitag ein außerordentlicher Aufschwung der Gewerkschaften ein= treten müssen, denn in all den vielen Versammlungen, die, an die Berichterstattung über den Kölner Parteitag anschließend, den Stand der Gewerkschaftsbewegung behandelten, ist nicht eine Stimme laut geworden, die sich gegensätzlich zu den Parteitagsbeschlüssen geäußert hätte. Eine seltene Einmütigkeit kam zum Ausdruck. Ueberall wurde die Notwendigkeit und Nützlichkeit der gewerkschaftlichen Bewegung anerkannt und ihr die bereitwilligste Unterstützung zugesichert. Trotz= dem hat sich der Stand der gewerkschaftlichen Bewe= gung seitdem um kein Jota gebessert. Es hat vielmehr der angestrengtesten und nachhaltigsten Agitation bedurft, um das bestehende zu erhalten, einen weiteren Rückgang zu verhüten."

Es kann hiernach gar keinem Zweifel mehr unterliegen, daß die Socialdemokratie an der mißlichen Situation der Ge= werkschaftsbewegung völlig unschuldig ist und daß es unlogisch und verkehrt ist, von ihr Besserung dieser Verhältnisse zu verlangen. Dagegen müssen wir den Fürsprechern der Ge= werkschaften, den Herren Legien, von Elm und Schippel darin durchaus recht geben, daß sie die Bebel'sche Theorie von der wachsenden Bedeutungslosigkeit der Gewerkschaftsbewegung als unrichtig verwarfen. Die Gründe dafür wurden bereits ent= wickelt.

Mit alledem aber ist im Grunde nichts gewonnen. Es bleibt noch immer die Gewerkschaftsfrage als unerledigt auf der Tagesordnung stehen, es ist noch nicht genügend erklärt, warum die Gewerkschaftsmänner mehr und mehr die Macht ihrer Organisationen als unzureichend empfinden, noch nicht der Weg gezeigt, auf dem sich dieser Uebelstand beseitigen ließe.

Jedoch wäre schon viel gewonnen, wenn die Arbeiter wenigstens das aus den Kölner Gewerkschaftsdebatten lernen wollten, was daraus zu lernen ist, nämlich die Wahrheit, daß sie von politischen Parteien keine direkte und wesentliche Stärkung ihrer Gewerkschaften erwarten dürfen, daß es eine Utopie ist, jene als Vorspann für ihre wirtschaftlich-socialen Bestrebungen gebrauchen zu wollen, **kurz, daß die Gewerkschaftsfrage nicht durch die Socialdemokratie zu lösen ist.**

III.
Die Ursache der zunehmenden Erfolglosigkeit gewerkschaftlicher Bestrebungen.

Aus den bisherigen Ausführungen ging hervor, daß die Gewerkschaftsorganisationen den an sie gestellten Anforderungen, die wirtschaftliche Lage und sociale Stellung der an ihnen beteiligten Arbeiter stetig zu heben und zu verbessern, nicht mehr in befriedigender Weise zu genügen vermögen. Die Erfolge der Fachvereine nehmen ab, die von ihnen geführten Lohnkämpfe enden immer seltener mit einem vollen Sieg und dadurch vermindert sich ihre Festigkeit und ihr Prestige, ihre Anziehungskraft auf die noch nicht organisierten Arbeiter.

Auf der anderen Seite mußten wir uns jedoch überzeugen, daß es ein Trugschluß wäre, aus dieser Thatsache folgern zu wollen, die fortschreitende wirtschaftliche Entwicklung mindere die Bedeutung und Aussichten der gewerkschaftlichen Organisationen und Kämpfe von Jahr zu Jahr herab. Wir konstatierten, daß in dem ökonomisch am weitesten entwickelten Lande, England, keine Anzeichen für eine sich vorbereitende Auflösung der Trades-Unions zu finden seien, daß die politischen Kämpfe die wirtschaftlichen nicht zu ersetzen vermöchten, daß die letzteren durchaus nötig wären und daß die Gewerkschaften eine wichtige Rolle in dem notwendigen Umgestaltungsprozeß unserer Gewerkschaft zu spielen hätten.

Wenn aber das alles der Fall ist, so muß es Mittel geben, um der zunehmenden Erfolglosigkeit der gegenwärtigen Lohnkämpfe Halt zu gebieten, muß ein Ausweg aus dem Dilemma der Gewerkschaftsfrage zu finden sein.

Wir sahen, wie manche diesen in der Idee des Generalstreiks erblickten, erkannten aber auch, daß das ein Irrtum sei. Andere glaubten mit dem Vorschlag der Organisation internationaler Verbände und gewerkschaftlicher Sekretariate helfen zu können. Wir sahen, daß damit große Schwierigkeiten verbunden seien und in der nächsten Zeit nicht viel erreicht werden könne. Endlich beschäftigten wir uns mit der Ansicht, den Gewerkschaften durch politische Parteien einen Machtzuwachs zu verschaffen. Die Unmöglichkeit einer solchen Wirkung lernten wir aus den Gewerkschaftsdebatten des deutschen socialdemokratischen Kongresses in Köln einsehen.

Wo liegt denn nun das Mittel, das den Gewerkschaften größere Kraft und Widerstandsfähigkeit zu verleihen imstande ist? Wodurch können sie sich gefürchteter und mächtiger machen?

Wenn wir die Frage richtig beantworten sollen, so müssen wir zunächst die Ursache zu erkennen suchen, welche die Schwäche der gewerkschaftlichen Bestrebungen verschuldet. Da ist man nun gewohnt, in erster Linie bestimmte Organisationsformen dafür verantwortlich gemacht zu sehen. Die einen schieben alles Unheil auf die Lokal-, die anderen auf die Centralorganisationen. Wir wollen die Bedeutung der Organisationsfrage nicht unterschätzen, halten aber doch dafür, daß sie erst in zweiter Linie steht. An und für sich gewährt keine Organisationsform sichere Aussichten auf Sieg, alle haben schon Niederlagen erlitten. Die Organisationsfrage ist eine reine Zweckmäßigkeitsfrage, die sich kaum jemals prinzipiell entscheiden lassen wird. Es kommt dabei immer auf Zeit und Umstände an. Den gegebenen Thatsachen entsprechend, kann mit allen Organisationsformen etwas erreicht werden. Ueberdies erstreckt sich der Rückgang der gewerkschaftlichen Bestrebungen nicht auf **eine** Organisationsform, sondern auf alle. Das Uebel muß also noch tiefer liegen.

Eine größere Bedeutung muß schon der Frage nach der Verwendung der von den Gewerkschaftsmitgliedern gezahlten Beiträge eingeräumt werden. Man hat auch hierüber in der letzten Zeit vielfach hin- und hergestritten. Von der einen Seite wurde die Verwendung der Beiträge zu Unterstützungszwecken heftig angegriffen und der Umbildung der Gewerkschaften in reine Kampforganisationen das Wort geredet. „Der Kampf um bessere Lohn- und Arbeitsbedingungen muß Hauptsache werden", lautete hier die Parole. Auf der anderen Seite wurde jedoch behauptet, daß sich die Fachvereine auch die Unterstützung ihrer Mitglieder in Fällen von Arbeitslosigkeit und anderen Erwerbsstörungen angelegen sein lassen müßten, um eine Anziehung auf die große Zahl der noch indifferenten Arbeiter auszuüben.

Beide Standpunkte haben ihre Berechtigung. Sicher ist die Erlangung besserer Lohn- und Arbeitsbedingungen die Hauptsache der Gewerkschaftsorganisationen, und diesem Zweck muß das Unterstützungswesen jedenfalls unter-, nicht übergeordnet werden. Wenn eine Organisation außer Stande ist, von ihren Mitgliedern so hohe Beiträge zu verlangen, daß neben der Bildung einer tüchtigen Reservekasse auch noch genügende Beträge für Unterstützungszwecke abgesplittert werden können, so wird sie allerdings gut thun, sich auf ihre Hauptaufgabe zu beschränken. Aber grundsätzlich läßt sich nichts Triftiges gegen die auf Unterstützungen verwandten Summen sagen. Das Solidaritätsgefühl wird dadurch entschieden gestärkt, die Anziehungskraft der Fachvereine auf die unorganisierten Arbeiter vergrößert. Aus purer Menschenfreundlichkeit werden die englischen Gewerkschaften, die das Unterstützungswesen am großartigsten ausgebildet haben, sicher nicht alljährlich viele Hunderttausende ausgeben. Sie unterstützen ihre arbeitslosen Mitglieder, um zu verhindern, daß sie der Organisation den Rücken kehren und ihre Arbeitskraft zu einem niedrigeren Lohn als dem zwischen Unternehmer und Gewerkschaft vereinbarten anbieten. Die Aufrechterhaltung der Tarife ist der Zweck dieser Unterstützungen.

Nicht sowohl in der verkehrten Verwendung der Fachvereinsmittel für unpassende und unnütze Zwecke, als vielmehr in der Unmöglichkeit, genügende Summen für alle wünschbaren Zwecke aufzubringen, liegt die Ursache der geringen Leistungsfähigkeit und Widerstandskraft der Gewerkschaften. Man setze diese Organisationen in den Stand, über erhebliche Summen zu verfügen, und man wird sehen, wie sich die gelichteten Reihen wieder füllen, wie groß der Zulauf werden wird. Alle Agitation für die Gewerkschaften wird auf einen harten, unzugänglichen Boden fallen, so lange sie selbst nicht als ein sprechendes Beispiel für die Macht der Organisation dastehen. Niemand wird der Botschaft Glauben schenken, daß die solidare Vereinigung in wirtschaftlichen Verbänden den Arbeitern allein und dauernd zu der socialen Stellung verhelfen kann, nach der sie schon so lange streben, wenn die Gewerkschaften fortfahren, ein Bild der Schwäche, Zerfahrenheit und socialen Hilfsunfähigkeit darzubieten. Der kurzsichtige, engherzige Arbeiter — und wie viele solcher giebt es noch! — wird sich den Fachvereinen nicht anschließen, kein Vertrauen zu ihnen fassen, so lange sie ihre Mitglieder mit den mühsam aufgebrachten Geldern nur von einer Niederlage zur anderen führen. Gewiß nützen auch die verloren gegangenen Arbeitseinstellungen; aber mit diesem Satz werden die Gewerkschaften keinen einzigen Arbeiter gewinnen, der sich ihnen nicht auch sonst angeschlossen haben würde. Nur der Erfolg, der Sieg besitzt eine werbende, alle niedrigen und kleinen Zweifel zerstreuende Kraft; nur die gewonnenen

Streiks machen die Arbeiterorganisationen stark, bringen Zuversicht, Kampfesmut und Solidaritätsbewußtsein in die Massen. Das hat die Erfahrung unzweideutig gezeigt; nach den Niederlagen greift eine allgemeine Deroute und Fahnenflucht mit unheimlicher Schnelligkeit um sich; nach Siegen dagegen wollen die Zuzügler kein Ende nehmen.

Wir sagen darum: die Gewerkschaften müssen vor allem und zunächst dafür Sorge tragen, daß ihnen die Mittel reichlicher zufließen, daß ihre Reserven einen stärkeren Rückhalt gewähren. Muß gleich beim Ausbruch eines Konflikts an das Solidaritätsgefühl der gesamten Arbeiterschaft appelliert werden, so wäre der Streik besser nicht unternommen; denn die Schlacht ist dann schon halb verloren. Jeder Alarm- und Hilferuf klingt den betroffenen Unternehmern wie Musik in den Ohren und läßt ihre Hoffnung, den Arbeitern eine Niederlage beizubringen, schwellen.

Aber, wird man fragen, wie soll dies Ziel erreicht werden? Die Beiträge können nicht erhöht werden, sie sind vielen sogar jetzt schon zu hoch; eine weitere Steigerung würde die Arbeiter in Scharen aus den Organisationen treiben: das erklären einstimmig alle Gewerkschaftspraktiker. Kein Zweifel, sie haben darin recht; die Löhne sind zu niedrig, als daß es den Arbeitern dabei möglich wäre, ausreichend hohe Beiträge für alle gewerkvereinlichen Zwecke aufzubringen. Sie genügen kaum für den einen Hauptzweck, zur Ansammlung eines respekteinflößenden Streikfonds.

Hiermit sind wir anscheinend in ein unlösbares Dilemma geraten. Die Gewerkvereine sollen die niedrigen Löhne heben und können das nicht wegen den niedrigen Löhnen; die Kraft, die in der Organisation liegt, soll zu einer Verbesserung der socialen Lage der Arbeiter führen, und so lange die sociale Lage nicht gebessert ist, können die Organisationen zu keiner genügenden Kraft und Wirksamkeit gelangen. Ist es nicht, als drehten wir uns zwecklos in einem Kreise, aus dem es kein Entwischen giebt? Ist es nicht, als wären wir auf einem anderen Wege wieder beim „ehernen Lohngesetz" angelangt?

Bevor wir uns jedoch der Trostlosigkeit dieser Anschauung überlassen, verlohnt es sich zu untersuchen, ob der Arbeiter in der heutigen Gesellschaft wirklich nichts anderes zu verwerten hat als seine schlecht bezahlte Arbeitskraft, ob er nur als Erzeuger von Waren einen Trumpf ausspielen, nur in seiner Eigenschaft als Produzent ein socialer Machtfaktor werden kann.

Glücklicherweise ist das nicht der Fall. Der Arbeiter kommt wirtschaftlich nicht nur als Produzent, sondern auch als Konsument, als Verbraucher von so und so viel Einkommen im Jahr, in Betracht. Er gebraucht eine Wohnung und muß dafür dem Hauseigentümer eine so hohe Miete zahlen, daß dieser damit nicht nur seinen Hypothekengläubigern einen gehörigen Zins ausrichten, sondern für sich selbst auch noch eine erhebliche Summe auf die Seite legen kann. Der Arbeiter muß täglich viel Geld für Brot, Milch, Gemüse, Fett und andere Lebensmittel ausgeben und an jedem Groschen verdient der Bäcker, der Milchhändler, der Krämer; er konsumiert ferner Bier und andere alkoholische Getränke, kauft Kleider, Wäsche, Hüte, Stiefel und bereichert dadurch unzählige Wirte und Händler. Kurz, an dem schmalen, dürftigen Arbeitseinkommen des Arbeiters machen ganze breite Schichten des Bürgertums noch ihren Profit; die Arbeiterklasse sichert hunderttausenden von Zwischenhändlern und Hauswirten eine behagliche Existenz dafür, daß jene ihre Bedarfsartikel feilhalten. Wenn nun der Arbeiter den Krämern für diesen Dienst nur einen geringen Aufschlag über den wirklichen Wert der gekauften Ware zu entrichten hätte, so würde sich hiergegen nichts sagen lassen. Thatsächlich aber kommt dem Arbeiter die Vermittlung seiner Lebens- und Bedarfsartikel durch die

Zwischenhändler außerordentlich teuer zu stehen, er bezahlt den letzteren in der Regel einen Zuschlag von 30—50% des wirklichen Wertes, ja nicht selten muß er die Waren doppelt so teuer bezahlen als sie den Zwischenhändler kosten. Da der Arbeiter nichts en gros, sondern alles nur in kleinen Quantitäten wegen der Beschränktheit seines Geldvorrates einkaufen kann, so fließen mindestens 30% seines Lohnes als Profit in die Taschen der Mietskasernenspekulanten, Krämer, Wirte, Händler ꝛc.

Der Arbeiter unterliegt somit nicht nur einer einfachen Ausbeutung, sondern einer doppelten. Nicht nur der industrielle oder gewerbliche Unternehmer bereichert sich an ihm, indem er seine Arbeitskraft und -leistung unter ihrem wirklichen Wert bezahlt, auch der Handelskapitalist schröpft ihn, indem er sich seine Dienste bei der Warenvermittlung weit über ihren wirklichen Wert entgelten läßt. Wir wagen sogar die Behauptung, daß die Ausbeutung der Arbeiterklasse durch das große und kleine Handelskapital und durch die Bau- und Häuserspekulanten verhältnismäßig viel größer ist, als der Profit, welchen unter den heutigen Verhältnissen das in der Produktion angelegte Kapital zu machen in der Lage ist.

Von socialistischer Seite wurde diese zweite Ausbeutungsart aus verschiedenen Ursachen, auf die wir hier noch nicht eingehen können, bisher nur ungenügend gewürdigt. Aber zu leugnen ist sie nicht, und Schriftsteller aller Richtungen haben sie auch bereits anerkannt und zu untersuchen angefangen. So schreibt der bekannte französische Nationalökonom Ch. Gide in seinen „Prinzipien der Nationalökonomie" (pag. 193 3. Aufl.): „Wenn man den ganzen Tribut beziffern könnte, welcher von den Vermittlern beim Publikum eingehoben wird, so würde man darüber erschrecken." Er erzählt dann, daß die französische Orleans-Eisenbahngesellschaft durch eine Enquête festgestellt habe, daß der Ein- und Verkaufspreis der von ihren Angestellten gekauften Waren um 30—127% differiert habe.

Gide berechnet dann unter der Annahme, die auf den Einkaufspreis geschlagenen Prozente betrügen das Minimum (30 %), daß in Frankreich 7½ Milliarden Franken von den Zwischenhändlern allein als Tribut in die Tasche gesteckt würden.

Der österreichische Nationalökonom Prof. Mataja schildert den Kleinhandel mit den folgenden Worten:

"Werfen wir einen Blick in unsere Städte! Kaum ein paar hundert Schritte — häufig noch viel weniger — von einander entfernt ist ein Laden nach dem andern zu finden, in welchem fast die gleichen Gegenstände feilgeboten werden. Jeder erfordert ein eigenes Lokal, eigene Beleuchtung, Beheizung u. s. w., häufig auch mehrere Personen, welche freilich oft einen Teil des Tages sehr wenig zu thun haben, aber bereit sein müssen, weil naturgemäß in so kleinen Verhältnissen die Regellosigkeit herrscht und man im voraus nicht genau weiß, wann man der Kräfte bedürfen werde — ein Zustand, welcher den Anforderungen der Arbeitsteilung und Arbeits- und Gebrauchsvereinigung geradezu spottet. Von jedem dieser Läden will aber eine Familie in bürgerlicher Weise leben. Kein Wunder, daß auf eine solche Art die Artikel durch den Kleinhandel oft um 50, 100 und mehr Prozent verteuert werden. Aber selbst dieser Zuschlag, welchen der Kleinhandel auf die Erzeugungskosten bezw. den Einkaufspreis macht, drückt, so groß er auch manchmal ist, den wahren Aufwand noch nicht vollkommen aus. Abgesehen von selbst etwa vorkommenden unreellen Gebahrungen, zu denen der Kleinhandel Gelegenheit giebt, verteuert eben das Bestehen so vieler Absatzquellen an sich bereits die Engrospreise. Die komplizierte Verrechnung mit so vielen Kunden, die Notwendigkeit, an weite Kreise Preislisten, Reisende u. s. w. zu entsenden, die Schwierigkeit, die Kreditfähigkeit so vieler Personen beurteilen zu müssen, die trotz aller Mühen und Kosten unvermeidlichen Verluste — dies und anderes erhöht bereits die Spesen des Großhändlers oder Erzeugers und somit auch schon die Engrospreise selbst."

Ein paar Beispiele mögen noch die Richtigkeit dieser Thatsachen erhärten!

Was in Deutschland am Branntwein, dessen Konsumenten fast ausschließlich Arbeiter sind, — die anderen Klassen trinken Cognac und feine Liqueure — "verdient" wird, davon kann man sich aus den folgenden Berechnungen Dr. Wittelshöfer's in den "Jahrbüchern für Nationalökonomie" (1894, Heft 1) einen Begriff machen:

"Es wird wohl der Wahrheit ziemlich nahe kommen, wenn man annimmt, daß im Durchschnitt für Branntwein im Kleinverkauf ein

Erlös von 300 Mark für das Hektoliter reinen Alkohols erzielt wird. Wie verteilt sich nun dieser Erlös auf die einzelnen Stellen, welche aus dem Branntwein Einnahmen erzielen?

Erstens der Produzent. Nehmen wir an, es handle sich nur um Kontingentspiritus, der Börsenpreis sei 54 Mark, der Produzent bekomme also frei Brennerei 52 Mark. In diesem Preise liegt die verauslagte Maischraumsteuer, niedrig geschätzt mit 13—14 Mark, so daß der Produzent in Wahrheit 38—39 Mark Erlös hat.

Zweitens der Staat. Derselbe zieht vom Hektoliter bei Kontingentspiritus 50 Mark Verbrauchsabgabe und 13—14 Mark Maischraumsteuer, im ganzen 63—64 Mark.

Der Verkäufer, namentlich der Schankwirt, gewinnt den Rest, also 300—39—63=198 Mark.

Der Gesamttrinkverbrauch im Deutschen Reich von 2,2 Millionen Hektoliter rund ergiebt also bei einem schließlichen Erlös von 300 Mark pro Hektoliter eine Gesamtausgabe für Branntwein von 660 Millionen Mark. Davon entfallen nach obigen Berechnungen:

auf den Produzenten 84 Millionen Mark
„ „ Staat 140 „ „
„ „ Verkäufer 436 „ „

Dazu bemerkte Dr. Mülberger in den „Schweiz. Blättern für Wirtschafts- und Socialpolitik" (1895, pag. 254) zutreffend: Diese Ziffern gestatten mehrfache Schlüsse auf jene großartige Rolle, die der Handel heutzutage im Getriebe der Volkswirtschaft spielt. Der gesamte Trinkbranntwein Deutschlands hat also in dem Augenblicke, da er die Produktionsstätte verläßt, einen Wert von 84 Millionen und in dem Momente, da er den Trinkern in die Kehle rinnt, einen Wert von 660 Millionen, d. h. sein Wert hat sich beinahe verachtfacht. Lassen wir die 140 Millionen, die der Staat an sich nimmt, beiseite, so bleiben dem Handel, vom Spriethändler en gros bis herunter zum Destillateur und Schankwirt, 436 Millionen, d. h. für den Handel hat sich der ursprüngliche Wert des Branntweins auf seinem Wege von der Produktionsstätte bis zum Munde verfünffacht. Rechnen wir, was sicherlich noch viel zu hoch gegriffen ist, als notwendige Zirkulationskosten die Hälfte der Produktionskosten, so müßte der Branntwein im Momente seines Verbrauchs einen Wert von 126 Millionen haben, statt dessen ist er 436 Millionen, d. h. das $3^{1}/_{2}$ fache wert. Wodurch geschieht das? Durch Qualitätsverschlechterung, durch Preistreiberei, durch Ueberfordern, ein Prozeß, der beim Großhändler beginnt und sich in sprunghaften Abstufungen zum Detailhändler, dann zum Schankwirt, dann zum Konsumenten, der das Opfer ist, fortpflanzt.

Auf ein ähnliches, wenn auch volkswirtschaftlich weniger wichtiges Beispiel von der im Handel stattfindenden Ausbeutung der Konsumenten macht Bebel in seinem Buch „Die Frau und der Socialismus" aufmerksam. Er teilt dort (pag. 240 9. Aufl. 1891) mit, daß nach den Forschungen des Dr. E. Sachs über „die Hausindustrie in Thüringen" im Jahre 1869 die Produktion von 244$^{1}/_{2}$ Millionen Griffeln 122,000—200,000 Fl. Arbeitslohn für die Produzenten abgeworfen hatte, der schließliche Verkaufspreis steigerte sich aber in letzter Hand auf 1,200,000 Fl.; er betrug also mindestens das sechsfache dessen, was der Produzent erhielt. (Unter Produzent ist hier der Unternehmer verstanden, der wieder die Arbeiter ausbeutet.) „Waren und Lebensmittel, bemerkt Bebel weiter, werden durch den Zwischenhandel in einer Weise verteuert, daß sie oft den doppelten und mehrfachen Preis dessen kosten, was der Produzent dafür erhielt. Ist eine wesentliche Verteuerung des Preises der Waren nicht rätlich und nicht möglich, weil alsdann eine Einschränkung des Verbrauchs zu befürchten ist, so werden sie künstlich verschlechtert und man greift zur Verfälschung der Waren und Lebensmittel, zu falschem Maß und Gewichte, um den sonst nicht erlangbaren Profit zu erhalten.... Am schlimmsten sind die Arbeiter und kleinen Leute daran, die ihre Waren auf Kredit entnehmen und darum schweigen müssen, auch wo sie den Betrug vor Augen sehen." —

Es kann hiernach gar keinem Zweifel mehr unterliegen, daß die Arbeiterklasse nicht nur in ihrer Eigenschaft als „Arbeitnehmer" von dem industriellen und gewerblichen Kapitalisten ausgebeutet wird, — auch in ihrer Eigenschaft als Konsument, als Käufer von Waren, von Lebens=

mitteln und Wohnung hat sie noch dem Handels- und Bodenkapital einen sehr beträchtlichen Teil ihres Lohnes als Tribut abzutreten. Die Verteuerung alles dessen, was der Arbeiter zu seiner Existenz bedarf, ist also nicht minder ein Grund seiner socialen Schwäche und seiner traurigen Lage als die ungenügende Bewertung seiner Arbeitskraft. Der Zustand der Arbeiterklasse würde deshalb schon wesentlich gebessert sein, wenn sie ihrer Ausbeutung durch den Zwischenhandel ein Ende machen könnte. Der einzelne Arbeiter vermöchte dann für sein Geld m e h r zu kaufen; wofür er heute 100 Franken zahlt, würde er nur noch 70 Franken ausgeben. Der Wert, die Kaufkraft seines Lohnes hätte sich um 30 Franken von 100 vergrößert. Daß er jedoch für Waren, die höchstens 70 Franken Wert haben, 100 Franken bezahlen muß, daß 30 Prozent seines sauer verdienten Lohnes abermals als Profit und Grundrente in die Taschen des Kapitals fließen, — das steigert die Lage des Arbeiters so oft bis zur Unerträglichkeit, das läßt ihn an der Möglichkeit socialer Reformen verzweifeln — darin liegt auch d a s G e h e i m n i s d e r S c h w ä c h e s e i n e r g e w e r k s c h a f t l i c h e n O r g a n i s a t i o n, d i e G r u n d u r s a c h e d e r v i e l e n N i e d e r l a g e n i n d e n L o h n k ä m p f e n!

Arbeiter! wacht auf und erkennt endlich den wahren Zusammenhang, die letzten Gründe eurer socialen Ohnmacht, die ihr mit Hilfe der Gewerkschaften vergeblich in sociale Uebermacht zu verwandeln bestrebt wart. Lernt endlich begreifen, daß ihr mit euren Organisationen ewig nichts werdet erreichen können, wenn die Summen, die ihr noch von eurem Lohn erübrigen könntet, weiter in die Geldschränke eurer Gegner fließen, statt eure eigenen Kassen zu füllen!

Es liegt nun sonnenklar zu Tage, worin die moderne Gewerkschaftsfrage ihren Ursprung hat. Wir verfolgten sie Schritt für Schritt und fanden endlich, daß die Geringfügigkeit der Mittel, welche die Arbeiter für ihre Organisationen aufzubringen vermöchten, diese zu keiner gedeihlichen Entwicklung, zu keinem kraftstrotzenden Wachstum gelangen lassen. Niedrige Löhne, niedrige Beiträge, daher schwache Gewerkschaften!

Es war nun die Frage zu lösen, wie trotz der niedrigen Löhne starke Gewerkschaften möglich wären. Wir zeigten, daß der Arbeiter nicht sowohl deshalb von seinem Lohn keinen genügenden Beitrag für seine Organisation zu erübrigen vermag, weil der vom Unternehmer bezahlte Geldbetrag zu klein ist, sondern daß dieser Uebelstand in der weiteren Ausbeutung des Arbeiters als Konsument seine Ursache hat. Diese letzte Ausbeutungsweise ist es namentlich, welche seine wirtschaftliche Kraft untergräbt!

Hier muß also der Hebel der socialen Reform eingesetzt werden, auch gegen den Lebensmittel- und Wohnungswucher muß die Arbeiterklasse einhellig Front machen. Sie muß in erster Linie aufhören, die teuren und unreellen Kramläden zu bevölkern und dadurch überlebte, kostspielige Formen des Handels und der Warenvermittlung künstlich am Leben zu erhalten. Sie muß es, wenn sie sich nicht ins eigene Fleisch schneiden, wenn sie nicht ihre socialen Festungen, die Gewerkschaften, verfallen lassen und dem Feinde überantworten will. Kann sie es aber auch? Jawohl, sie kann ihre Ausbeutung als Konsument verhindern, sie braucht es nur zu wollen. Das Mittel heißt:

Organisation des Konsums der Arbeiterklasse!
Gründung von Arbeiter-Konsumgenossenschaften!

IV.
Die Lösung der Gewerkschaftsfrage.

Als die Ursache der zunehmenden Erfolglosigkeit gewerkschaftlicher Bestrebungen erkannten wir die Ausbeutung der Arbeiterklasse in ihrer Eigenschaft als Konsument. Der Arbeiter bezahlt für die Befriedigungsmittel seiner sämtlichen Bedürfnisse einen Preis, der in gar keinem Verhältnis zu deren Wert steht. Er kauft zu teuer, wird übervorteilt, kurz erhält für sein Geld zu wenig.

Wie wäre es nun, wenn all die ungeheuren Summen, die der Zwischenhandel am Konsum der Arbeiter „verdient", zur Stärkung der Gewerkschaftsbewegung verwendet werden könnten?

„Das ist eben unmöglich", wird der Socialdemokrat sagen: „wir müssen uns diese Ausbeutung in der Zirkulation, die ich keineswegs leugne, nun einmal gefallen lassen, weil die Arbeiter kein Kapital haben. Wir können die Zwischenhändler noch nicht entbehren, so lange wir uns noch nicht in den Besitz des Kapitals gesetzt haben."

Nichts ist falscher als das. Der Arbeiter kann sich, wenn er will, in kurzer Zeit vollständig von der Ausbeutung durch den Zwischenhändler befreien. So viel Kapital, als nötig ist, um einen Laden mit seinen Bedürfnismitteln aufzumachen, kann er sich alle Tage beschaffen. Er muß, um sein eigenes Geschäft zur Blüte und Ausdehnung gelangen zu lassen, nur in demselben so viel wie nur möglich kaufen, muß ihm seine Kundschaft zuhalten.

Die Kundschaft, nicht das Kapital ist das wesentlichste beim Geschäft. Ein Kapitalist kann das größte Warenlager, den glänzendsten Laden haben, — wenn niemand bei ihm kauft und zu verdienen giebt, muß er bankerott machen und hat all sein Geld verloren. Tausend Arbeiter dagegen, die keinen Heller haben, können sehr wohl ein rentables Verkaufsgeschäft von Lebensmitteln, Cigarren, Kleidungsstücken ꝛc. einrichten, wenn sie nur darin alles kaufen, was sie von den feilgehaltenen Waren brauchen.

Das ist keine leere unbewiesene theoretische Behauptung, sondern eine hundertfach durch die Erfahrung erhärtete Wahrheit. Die britischen Konsumgenossenschaften haben meistens mit lächerlich kleinen Summen, die kaum hinreichten, um einige Pfunde der gebräuchlichsten Materialwaaren anzuschaffen, begonnen, und heute besitzen sie ein Reservekapital von 6 Millionen Pfund Sterling = 150,000,000 Franken! Der Profit, den sie der kapitalistischen Ausbeutung allein 1893 entrissen haben, beträgt 4,140,000 Pfund Sterling, d. h. sie hatten einen Reingewinn von 103,500,000 Franken, der den Mitgliedern der 1421 britischen Genossenschaften wieder zu gute gekommen ist. Und aus ähnlich kleinen Anfängen hat sich auch das Konsumgenossenschaftswesen in der Schweiz entwickelt. Als der Basler Konsum-Verein 1865 gegründet wurde, legten nicht viel mehr als 500 Mitglieder je 3 Fr. zusammen. 1894 besaß der gleiche Verein ein Kapital von 337,923 Fr., setzte für 5,887,380 Fr. Waren um und erzielte dabei einen Reingewinn von 461,199 Fr.! Der Umsatz war mehr als 17 mal größer als das Kapital, der Reingewinn selbst überstieg noch das Kapital mit mehr denn 100,000 Fr. Beweist das nicht schlagend, daß die Kundschaft, die Sicherheit des Warenabsatzes die Hauptsache, das Kapital aber die Nebensache ist? Mit wenig mehr als einer Viertelmillion Franken betreibt der Konsum-Verein in Basel 30 Materialwarenläden, eine große Bäckerei, ein Weingeschäft, eine Milch-, Butter-, Bier- und Holzhandlung. Und alle diese Geschäfte rentieren, blühen, aber nicht wegen des in sie hineingesteckten Kapitals, sondern weil 13,000 Basler Familien ihren Konsum wenigstens zum Teil organisiert haben, die Kunden ihrer eigenen Geschäfte sind.

Aus diesen Beispielen kann man schließen, was es volkswirtschaftlich zu bedeuten hätte, wenn die 6 Millionen deutscher Arbeiterfamilien ihren Konsum organisierten. Nehmen wir einmal an, das Durchschnittseinkommen einer deutschen Arbeiterfamilie betrage 800 Mark. Jede Familie kaufe mit 40 % ihres Einkommens in den Geschäften der Konsumgenossenschaften, so würden diese einen Warenumsatz von

1 Milliarde 920 Millionen Mark

haben. Nach Abzug der Verwaltungskosten bringen normal verwaltete Konsumgenossenschaften einen Reingewinn von ca. 10 % des Umsatzes. Auf unser Beispiel angewandt, würden sich

192 Millionen Mark

Profit ergeben, den die Arbeiter zur Verbesserung ihrer Lage in geeigneter Weise verwenden könnten. Dabei drückt diese Ziffer nur den kleinsten Teil des Nutzens aus, der der Arbeiterklasse aus der Organisation des Konsums erwachsen wäre. Sie hat schon beim Einkauf billiger und besser gekauft, denn die Konsumgenossenschaft hat ja kein Interesse, ihre Kunden zu übervorteilen und mit gefälschten Waren zu versehen, sondern nur das, sie reell und gut zu bedienen.

Aus den Konsumgenossenschaften könnten also die Arbeiter eine ganz ungeheure sociale Macht ziehen, wenn sie nur ihren Konsum organisieren wollten. Auch noch die folgende Erwägung mag es zeigen.

Der Schweizerische Gewerkschaftsbund zählt ungefähr ebensoviel Mitglieder wie der Basler Konsum-Verein. Wie wir dem Bericht entnehmen, der dem Zürcher internationalen Kongreß abgestattet wurde, verfügte ersterer 1893 über ein Vermögen von 28,500 Fr., wovon 15,800 Fr. für Streitzwecke zur Verfügung gehalten werden. Eine wie lächerlich kleine Summe im Vergleich zu dem Reingewinn, den der Basler Konsum-Verein allein in einem Jahre dadurch machte, daß er an die ungefähr gleiche Zahl von Mitgliedern Waren verkaufte! Hätten die Gewerkschaftsbundsmitglieder ihren Konsum organisiert, so könnten sie alle Jahre mindestens 300,000 Fr. in ihre Reservekasse legen, während sie jetzt in mehreren Jahren kaum 30,000 Fr. ansammeln können. Welche Macht hätte der Gewerkschaftsbund, wenn er so viele Hunderttausende besäße, als er heute Tausende besitzt! Seine Kraft wäre verhundertfacht. Und sie läßt sich verhundertfachen, sobald die Arbeiter der Schweiz ihre Kundschaft nicht mehr als ein wertloses Gut achtlos jedem x-beliebigen Krämer in den Schoß werfen, sondern sie für sich selbst behalten, mit andern Worten sobald sie ihre Konsumgenossenschaften das Geld verdienen lassen, das heute die Kraft und Macht der kapitalistischen Ausbeutung erhält und beständig vergrößert!

Die sociale Parole der Arbeiter muß daher, wenn sie ihr eigenstes Interesse verstehen und nicht mit Füßen treten wollen, künftig lauten:

Förderung der Gewerkschaftsbewegung durch Konsumgenossenschaften!

Es liegt auf der Hand, daß sich diese Angelegenheit nicht mit bloßen Klubreden fördern läßt, sondern daß praktisch gehandelt werden muß, wenn die Parole kein leeres Schlagwort wie so viele andere bleiben soll. Wir wollen uns daher auch noch mit ihrer Ausführung, mit der Umsetzung des Gedankens in die Wirklichkeit beschäftigen. Auf die letztere kommt ja doch alles an, und da gilt es denn den Gedanken so zu gestalten, daß er den gegebenen Verhältnissen angepaßt ist.

Eine Konsumgenossenschaft, die der Gewerkschaftsbewegung dienen soll, wird in der Hauptsache auch von den Gewerkschaften und deren Mitglieder getragen werden müssen. Die Gewerkschaftsmänner werden den Stamm der Kunden zu bilden haben, auf die die Genossenschaft zu rechnen hat. Sie wird deshalb den Handel mit solchen Waren treiben müssen, welche die Gewerkschaftsmitglieder in erster Linie für sich und ihre Familien gebrauchen. Ihr Betriebskapital wird ebenfalls hauptsächlich aus den Gewerkschaftskassen zusammengeschossen werden müssen.

Nach diesen Grundsätzen wird jedoch nur an solchen Orten verfahren werden können, wo mehrere lebensfähige Fachvereine bereits bestehen, die zusammen wenigstens einige hundert Mitglieder zählen. Wo diese Voraussetzung nicht zutrifft, werden die Gewerkschaften gut thun, sich an bestehende Konsumgenossenschaften anzulehnen, mit denen ein Abkommen getroffen werden kann, wonach ein gewisser Prozentsatz des Reingewinns, der auf die Fachvereinsmitglieder fallen würde, direkt den bezüglichen Gewerkschaftskassen zugeführt werden soll.

Aber auch dort, wo starke Gewerkvereinsorganisationen, wie in den größern Städten bestehen, ist Vorsicht und kluge Benutzung der Verhältnisse nötig, wenn das Werk gelingen soll. Die genossenschaftliche Praxis will wie jede andere Verwaltungskunst gelernt sein, und nichts wäre verkehrter, als wenn sich nun die Arbeiter Hals über Kopf in Unternehmungen stürzen wollten, zu deren Gelingen die Kräfte noch fehlen. Wo es angeht, sollten die Gewerkschaften danach trachten, bestehende Konsumgenossenschaften so umzuwandeln, daß diese ihren Interessen möglichst weit entgegenkommen. Dabei ist indessen zu beachten, daß nur solche Konsumgenossenschaften in Betracht fallen können, welche auf den Prinzipien des freien Eintritts und der Dividendenverteilung nach Maßgabe der Konsumtion beruhen. Alle anderen Genossenschaften sind kapitalistisch und werden nicht imstande sein, den Gewerkvereinen zu nützen.

Wo aber sowohl genossenschaftlich geschulte Kräfte als auch eine ausreichende gewerkvereinliche Kundschaft vorhanden ist, da gehe man geraden Wegs und unverdrossen auf das Ziel los. Der Erfolg wird dann nicht ausbleiben.

Das Betriebskapital, mit dem die Genossenschaft begründet wird, sollte von den beteiligten Fachvereinen nach Maßgabe ihrer Mitgliederzahl aufgebracht werden und zwar in der Weise, daß auf je 50 Mitglieder ein Stammanteil käme. Die Erwerbung von Stammanteilen aber könnte auch anderen Personen oder Korporationen freigestellt werden, weil damit kein besonderer Vorteil für diese verbunden ist.

Die Mitgliedschaft bei der Genossenschaft ist unabhängig vom Besitz eines oder mehrerer Stammanteile, sie muß auch ferner unabhängig sein von der Zugehörigkeit zu einer Gewerkschaft. Die Genossenschaft hat ein Interesse daran, einen möglichst großen Umsatz zu erzielen. Jeder Kunde ist für sie ein Gewinn. Daher sollte die Mitgliedschaft nur an eine Eintrittserklärung einzelner Personen geknüpft sein, die außerdem ein geringes Eintrittsgeld zu erlegen hätten. Die Gewerkvereine als solche können keine Mitglieder sein, weil sie in der Regel nicht die Rechte einer juristischen Persönlichkeit besitzen, die doch von Mitgliedern einer Genossenschaft gesetzlich gefordert wird und gefordert werden muß.

Die Verteilung des Reingewinns, den die Genossenschaft im Jahre bringt, ist Sache der freien Vereinbarung. Man kann ihn abgesehen von einer Quote, die auf alle Fälle in den Reservefond fließen muß, ganz oder nur teilweise in die Kassen der beteiligten Gewerkvereine fließen lassen. Wenn wir uns jedoch einen Vorschlag zu machen erlauben dürfen, so möchten wir den folgenden Modus bei der Verteilung des Reingewinns empfehlen:

30 % sollen den Gewerkvereinen zufallen.

30 % sollen den Mitgliedern der Genossenschaft nach Maßgabe ihrer Konsumation gutgeschrieben oder ausgezahlt werden.

30 % werden in den Reservefond gelegt, um einen Kapitalstock anzusammeln, mit dem die Geschäfte der Genossenschaft vergrößert werden können.

10 % endlich sollen für allgemeine Bildungszwecke Verwendung finden.

Setzen wir nun den Fall, eine mittlere Stadt zähle 2000 gewerkschaftlich organisierte Arbeiter mit einem Einkommen von 1000 Fr. pro Jahr und pro Kopf. Jeder dieser Arbeiter kaufte im Jahr für $1/4 - 1/3$ seines Lohnes der Konsumgenossenschaft Waren ab, also für ca. 300 Fr., dann hätte die Genossenschaft einen Umsatz von ca. 600,000 Fr. und einen Reingewinn von ca. 60,000 Fr. Würden diese 60,000 Fr. in der oben angegebenen Weise verteilt, so würden davon

18,000 Fr. den Gewerkschaften,
18,000 Fr. den Mitgliedern,
18,000 Fr. dem Reservefond zufallen,

der Rest von 6,000 Fr. endlich würde zur intellektuellen und sonstigen Fortbildung ausgegeben werden können. Wäre ein solches Resultat nicht des Schweißes der Edlen wert?

„Deine Rechnung ist falsch", wird der Kritiker ausrufen, „es steckt eine unrichtige Voraussetzung darin, die das ganze schöne Zahlengebäude über den Haufen wirft. In den Gewerkvereinen befinden sich oft in der Mehrzahl junge ledige Arbeiter, die keinen eigenen Haushalt führen, keine Lebensmittel einkaufen, sondern in Kosthäusern und Wirtschaften leben. Von deren Einkommen erhält der Gewerkschafts-Konsumverein so gut wie nichts, infolgedessen müssen sich Umsatz und Reingewinn ganz bedeutend reduzieren."

Es ist immer gut und kann nur zum Gelingen eines Werkes beitragen, wenn wir unbefangen auf die Stimme der Kritik hören. Und es ist kein Zweifel, der erhobene Einwand ist berechtigt. Wir müssen daher nach Mitteln und Wegen suchen, wie man auch den Konsum der ledigen Arbeiter indirekt der Konsumgenossenschaft dienstbar machen kann.

Aber ein noch gewichtigeres Bedenken erhebt sich vor unserem Geiste. Entspricht die Reingewinnsverteilung den Grundsätzen der Gerechtigkeit und Billigkeit gegenüber solchen

Mitgliedern der Genossenschaft, welche kein Interesse an den Gewerkschaften haben. Und mit solchen Mitgliedern muß gerechnet werden. Das ist eben das großartige der socialistischen Genossenschaften, daß sie allen Konsumenten ohne Unterschied offen stehen, und dies Princip muß auch der von Gewerkschaften ins Leben gerufene Konsum-Verein mit allen aus ihm fließenden Konsequenzen respektieren. Auch unorganisierte Arbeiter, auch kleine Beamte und andere Leute sollen seine Kunden sein können, ohne irgendwie auf die Wohlthaten, d. h. auf die ihnen zukommende Quote vom Reingewinn verzichten zu müssen, welche ihnen von Rechtswegen gebührt. Die sociale Gerechtigkeit muß wahrhaften Socialisten über alles gehen!

Wie steht es nun damit bei der von uns vorgeschlagenen Reingewinnsverteilung? Wir antworten rückhaltlos und mit einem Wort: schlecht! Nehmen wir an, unser Konsum-Verein habe einen Umsatz von 1 Million Fr. im Jahr. Daran sollen die Gewerkschaftsmitglieder mit $^6/_{10}$, also 600,000 Fr., die Nichtgewerkschaftsmitglieder dagegen mit $^4/_{10}$, also 400,000 Fr. beteiligt sein. Der Reingewinn, mit 10 % vom Umsatz berechnet, betrage 100,000 Fr.

Würden diese 100,000 Fr. nun in der oben angegebenen Weise verteilt, so bekämen die Gewerkschaften vorab davon 30 %, also 30,000 Fr., die einzelnen Mitglieder, Gewerkschafter sowohl wie Nichtgewerkschafter, teilten sich in die weiteren 30,000 Fr. Die übrigen 40,000 Fr. kämen mit 30,000 Fr. in den Reservefond, mit 10,000 Fr. würden sie für Bildungszwecke verwandt. Die beiden letzten Posten unterliegen keinerlei Bedenken. An der Ausdehnung der Genossenschaftsgeschäfte, die mit dem Reservekapital bewerkstelligt wird, haben alle Kunden ein Interesse, desgleichen können alle von den seitens der Genossenschaft gebotenen Bildungsgelegenheiten profitieren. Aber fraglich ist es, ob die Verteilung der 30,000 Fr. -|- 30,000 Fr. = 60,000 Fr. den

Grundsätzen der Gerechtigkeit, dem Princip der Verteilung des Reingewinns nach Maßgabe der Konsumtion entspricht.

Sehen wir näher zu. 60,000 Fr. sollen nach diesem Prinzip verteilt werden. Da die Gewerkschaften mit $6/10$ an der Gesamtkonsumtion beteiligt sind, so sollten sie auch $6/10$ von den 60,000 Fr. erhalten, also 36,000 Fr., die nichtgewerkvereinlichen Kunden sind dagegen mit $4/10$ an der Gesamtkonsumtion beteiligt, ihnen sollte daher auch $4/10$ der 60,000 Fr., also 24,000 Fr. zufallen.

In Wirklichkeit gestaltet sich die Sache jedoch anders. Vorab würden 30,000 Fr. den Gewerkschaften gegeben. An den weiteren 30,000 Fr. würden dann die Gewerkschaftsmitglieder nochmals mit $6/10$ participieren, die Nichtgewerkschafter mit $4/10$. Erstere erhielten zu den bereits in ihre Kassen geflossenen 30,000 Fr. noch 18,000 Fr., letztere überhaupt nur 12,000 Fr.

Man sieht jetzt, die Kunden, welche Gewerkvereinen angehören, erhalten statt 36,000 Fr. 48,000 Fr. (30,000 + 18,000) die übrigen Kunden dagegen statt 24,000 Fr. nur 12,000 Fr. Sie würden also um 12,000 Fr. zu gunsten der Gewerkschaften benachteiligt, um 12,000 Fr. von letzteren ausgebeutet.

Das darf nicht sein. Hinweg mit aller Ausbeutung! Dieser Grundsatz darf auch dann nicht verletzt werden, wenn ein Verstoß dagegen den Gewerkschaften zu gute käme.

Aber wie müssen wir die Reingewinnsverteilung dann gestalten, um auch eine solche Ausbeutung zu verhüten? Wie läßt es sich einrichten, daß den Gewerkschaften gegeben wird, was ihnen gehört, aber auch den übrigen Konsumenten gleichfalls das, worauf sie nach dem socialistischen Grundsatz „Verteilung des Reingewinns nach Maßgabe der Konsumtion" ein unantastbares Recht besitzen?

Wir lösen sowohl dies Problem wie auch die Frage,

wie die ledigen Gewerkschaftsmitglieder in kaufende Kunden des Konsumvereins verwandelt werden können, zusammen, gleichsam mit einem Schlag durch die Einführung einer Einrichtung, die sich „Warengeld" nennt. Sie besteht darin, daß die Konsumgenossenschaft ein besonderes Geld herstellen läßt, das zum Kauf von Waren in ihren Geschäften dient. Dies Geld, das für die kleinen Münzsorten (5, 10, 20, 50 Ctm.) aus Marken, für die größeren (5, 10 Fr.) aus Noten besteht, um Fälschungen zu erschweren, gilt ganz wie die Landeswährung als Zahlungsmittel in den Konsumläden. Es wird von der Betriebskommission der Genossenschaft ausgegeben, und von dieser beziehen es die einzelnen Gewerkschaften, die aus dem Konsum ihrer Mitglieder Gewinn ziehen wollen.

Damit es nun aber seinem Zwecke dienen kann, müssen die betreffenden Gewerkschaften der Konsumgenossenschaft durch eine Maßregel in die Hände arbeiten, die zwar einige Umstände, aber dafür auch drei große Vorteile in sich birgt:

1) Sie sichert den Bestand der Konsumgenossenschaft vom ersten Tage an.

2) Sie ermöglicht, daß auch der Konsum der ledigen Arbeiter der Genossenschaft zu gute kommt.

3) Sie gestattet eine gerechte Verteilung des Reingewinns.

Diese Maßregel besteht in der Verpflichtung der Gewerkvereine, wöchentlich mindestens 25 % von der Lohnsumme ihrer sämtlichen Mitglieder in Warengeld bei der Betriebskommission der Genossenschaft durch einen Vertrauensmann umzutauschen.

Nehmen wir an, der an der Genossenschaft beteiligte Schlosserfachverein habe 60 Mitglieder. Davon verdienen 20 Mann in der Woche 40 Fr., weitere 20 30 Fr., die letzten 20 endlich nur 20 Fr. Die von den Mitgliedern des Schlosserfachvereins vereinnahmten Löhne betragen danach:

$$20 \times 40 = 800 \text{ Fr.}$$
$$20 \times 30 = 600 \text{ Fr.}$$
$$20 \times 20 = 400 \text{ Fr.}$$
in Summa 1800 Fr.

Von diesem Betrag, der wöchentlichen Lohnsumme des Schlosserfachvereins, liefert nun sein Vertrauensmann 25 % bei der Betriebskommission der Genossenschaft ein, also 450 Fr. und empfängt dafür 450 Fr. in Warengeld, das den einzelnen Mitgliedern zurückgegeben wird, und zwar erhält jedes Mitglied in Warengeld den Betrag zurück, den es in Landesmünze weg gab.

Der Betrag, für den jeder Fachverein wöchentlich Warengeld eingetauscht hat, wird notiert; am Ende des Jahres werden die Beträge summiert und nach ihrer Höhe kann dann die auf jede Gewerkschaft entfallende Quote vom Reingewinn ganz genau berechnet werden.

Für das den einzelnen Mitgliedern eines Gewerkvereins eingehändigte Warengeld kaufen diese oder deren Frauen dann Lebensmittel in den Genossenschaftsläden. Die unverheirateten Arbeiter aber werden damit ihre Kostgeber bezahlen, die dadurch veranlaßt werden, die Lebensmittel, die sie für ihre Pensionäre gebrauchen, gleichfalls aus den Konsumläden zu beziehen.

Die Einrichtung hat zur Folge, daß der Konsum-Verein vom ersten Tage an prosperiert und den Gewerkschaften alljährlich viele Tausende von Franken auszahlen kann. Indem er das Warengeld gegen das Metallgeld umtauscht, hat er eigentlich schon das „Geschäft" gemacht. Der Bezug der Waren aus seinen Läden ist dann nur noch einfacher Austausch.

Die einzige Schwierigkeit liegt in dem wöchentlichen Umwechseln der 25 oder mehr Prozent der Lohnsumme in Warengeld. Aber diese Schwierigkeit läßt sich auf mannigfache Art überwinden. Man muß nur den festen Willen dazu mitbringen. So kann z. B. jeder Fachverein von Zeit zu Zeit die Summe von sich aus festsetzen, die annähernd dem Betrage von 25 % des Lohnes seiner sämtlichen Mitglieder entspricht. Verliert er Mitglieder, so setzt er sie herab, gewinnt er welche, so erhöht er sie. In seinem Interesse liegt es aber, möglichst viel von den Löhnen seiner Mitglieder in Warengeld umzutauschen, denn je beträchtlicher sein Warengeldbezug ist, desto größer wird sein Anteil am Reingewinn, desto kräftiger, leistungsfähiger steht er als Organisation für den Kampf um bessere Arbeitsbedingungen da.

Aus diesem Grunde wird jede sich ihres Ziels bewußte Gewerkschaft möglichst viel Warengeld zu beziehen trachten. Sie wird ihre Mitglieder veranlassen, von dem Warengeld, das das richtige Arbeitergeld ist und einmal das Geld der socialistischen Gesellschaft werden wird, möglichst große Beträge in Zirkulation zu bringen. Die Arbeiter sollten alle Händler, denen sie etwas abnehmen, mit Warengeld bezahlen, bei keinem Bäcker mehr Brot holen, bei keinem Wirt mehr Bier trinken, bei keinem Metzger mehr Fleisch kaufen, der nicht erklärt, sich gerne mit Warengeld zahlen zu lassen. Die Arbeiter vermindern, indem sie alle ihre Bedürfnismittel mit Warengeld einkaufen, ihre eigene Ausbeutung, fördern ihre Gewerkschaften, machen sich, was nur recht und billig ist, die Bevölkerungsschichten, die durch sie direkt existieren, ihren Emanzipationsbestrebungen dienstbar. Sie veranlassen die Wirte, Bäcker, Metzger, Holz=, Kohlen=, Kleiderhändler 2c. Kunden und Käufer der Konsumgenossenschaft zu werden, bewirken damit eine Steigerung des Umsatz und indirekt eine solche des Reingewinns, kurz stärken damit ihre wirtschaftliche Position, ihre sociale Macht.

Sollte nun ein Wirt oder Bäcker mehr Warengeld einnehmen als er für sich und seine Familie gebraucht, d. h. sollte der Betrag des vereinnahmten Warengeldes seinen Bedarf an den Konsumartikeln übersteigen, die die Genossenschaft feilhält, so steht nichts im Wege, daß die Betriebs=

kommission die überschüssigen Noten wieder gegen Landesmünze, aber mit einem Abzug von 5—10 % je nach Uebereinkunft, einlöst. Dazu werden sich genug Geschäftsleute verstehen, wie die Erfahrung lehrt. Alle wollen gern verkaufen und möglichst viel verkaufen, und wenn sie sich durch Annahme von Warengeld einen größeren Kundenkreis verschaffen können, so thun sie das lieber heute als morgen.

Der Basler Konsum-Verein hat mit einer Anzahl von Metzgern, Bier-, Kohlen- und Manufakturwarenhändlern Vereinbarungen getroffen, wonach diese „Konsummarken" annehmen und mit einem Abzug von einigen Prozenten, gegen die gesetzliche Währung wieder umtauschen können. 1894 hatte dies Warengeldgeschäft einen Umsatz von über 1 Million Franken. Fast 70,000 Fr. wurden dabei rein verdient.

Ist es den Arbeitern gelungen, ihr Warengeld in immer weiteren Kreisen einzubürgern, so können sie statt 25 % von ihrem Lohn 50 % und noch mehr umwechseln. Wo sie es hinbringen und einführen, haben sie den Kapitalismus geschwächt, die Ausbeutung verringert. Beharrlich und in Vereinbarung mit einander müssen sie mit dem Warengeld der Profitmacherei immer schärfer auf den Leib rücken. Einen schweren Kampf z. B. wird es kosten, die Hauszinse mit Warengeld zu bezahlen. Aber bei einmütigem Zusammenstehen werden es die Arbeiter mit der Zeit erreichen. Und sie mögen nie vergessen: Jeder Franken Warengeld, den sie in Zirkulation setzen, bringt ihnen 5—10 Cts. in ihre Gewerkschaftskassen, befestigt ihre Organisationen und ermöglicht schließlich die Begründung von Fabriken und Werkstätten durch die Konsumgenossenschaft.

Aber, um vorläufig beim nächsten stehen zu bleiben, wie ganz anders wäre das Bild, wenn eine oder mehrere Gewerkschaften in den Kampf um bessere Arbeitsbedingungen ziehen würden, und sie hätten eine Genossenschaft hinter sich, in der für sie aus den letzten Jahresrechnungen ein Fond von vielen tausenden von Franken bereits läge! Da brauchte es kein demütiges Bitten um Unterstützung, keinen Appell an die gesamte Arbeiterschaft; jede Gewerkschaft oder doch jede Stadt wäre stark genug, um die Munition für den socialen Krieg zu beschaffen.

Was in solchen Situationen die Genossenschaften für die kämpfenden Arbeiter zu leisten vermögen, das soll uns ein gewiß unverdächtiger Zeuge, der in den Genossenschaften sogar Hindernisse für die Bewegungsfähigkeit des Proletariats sieht, erzählen. Von dem letzten großen englischen Kohlengräberstreik berichtete Ed. Bernstein in der Neuen Zeit (XII. 1. pag. 271):

"Vielfach kamen den Arbeitern auch ihre lokalen Konsumgenossenschaften zugute. So gehören von 24,000 Bergarbeitern im südlichen Yorkshire etwa 10,000 der Kooperativgenossenschaft in Barnsley an, die im August ihre halbjährige Dividende verteilte — im Durchschnitt 50 Schillinge pro Mitglied, außerdem hatten aber noch viele Mitglieder andere Guthaben bei der Genossenschaft, die sie nun flüssig machten, und weiterhin beschloß dieser Verein am 25. September, wo die Not sich schon sehr fühlbar machte, während der folgenden vier Wochen je 250 Pfund Sterling (5000 Mark) zur Verteilung an bedürftige Genossen an die Sektionen zu versenden. Im ganzen hatte diese Genossenschaft bis Anfang Oktober 2000 Pfund Sterling zu Unterstützungszwecken ausgegeben; eine andere Konsumgenossenschaft in Yorkshire, die zu Ripley, 1500 Pfund u. s. w. Was von Arbeitergenossenschaften außerhalb der Bergarbeiterdistrikte für die Ausständigen gegeben wurde, ist schwer festzustellen; so sei, da dieser Gegenstand hier einmal berührt, nur noch erwähnt, daß die Engros-Einkaufsgenossenschaft zu Manchester Ende September in Urabstimmung mit riesiger Mehrheit die Liebesgabe von 5000 Pfund Sterling für die Ausständigen bewilligte — 100,000 Mark auf einen Strich!"

Wir dächten, solche Verstärkungen ihrer Position könnten auch noch andere als englische Arbeiter sehr wohl gebrauchen. Manche aussichtsreiche Streiks gingen nur verloren, weil sie nicht lange genug dauern konnten. Noch eine Woche länger den Ausstand aufrecht erhalten, — und er wäre gewonnen!

Weit entfernt indessen, zur Versimpelung der Arbeiter zu führen, ist das Genossenschaftswesen auch noch recht geeignet, sie Schritt für Schritt sogar als Produzenten von der Ausbeutung durch das Kapital zu befreien. Die Konsumgenossenschaft ver=

mag, groß und mächtig geworden, Häuser zu bauen und billige und gesunde Wohnungen zu schaffen, Mühlen und Bäckereien zu betreiben, Milch-, Butter-, Holz-, Kohlengeschäfte zu errichten, Möbelfabriken und Schlosserwerkstätten ins Leben zu rufen. Kurz, auf Grundlage der Konsumgenossenschaften läßt sich der Kapitalismus im Handel und in der Produktion so gut wie vollständig vernichten, kann das gesamte Wirtschaftsleben nach socialistischen Grundsätzen organisiert und verwaltetet werden! Die Organisation der Konsuminteressen ist der Punkt des Archimedes, von dem aus nicht nur die Gewerkschaftsfrage zu lösen ist, sondern der auch dazu dienen kann, unsere kapitalistische, die beiden Gegensätze des Profits und der Ausbeutung erzeugende Gesellschaft in eine socialistische, auf gerecht bewerteter Arbeit Aller beruhende Gemeinschaft umzuwandeln.

Wenn die Arbeiterklasse die Gewerkschaftsfrage lösen und dabei den Socialismus wirklich anstreben will, so muß sie anfangen, die socialistische Gesellschaft in der heutigen zu organisieren. Und sie läßt sich in dieser vorbereiten, denn ihr Prinzip ist das höhere, kräftigere, das, wenn die Arbeiterklasse demselben ihren starken Arm leiht, die kapitalistischen Grundsätze des Profits und der Ausbeutung zu überwinden vermag.

Jede wirkliche Konsumgenossenschaft, die demokratisch verwaltet wird und die Verteilung des Reingewinns nach Maßgabe der Konsumtion vornimmt, ist bereits ein Stück socialistisches Neuland in dem uferlosen Meer der Kapitalismus. Indem die Genossenschaften wachsen und wachsen, bilden sie allmählich große Inseln, durch deren Zusammenschluß endlich ein socialistischer Weltteil, eine socialistisch organisierte Gesellschaft entsteht. — —

Darum sollten die Arbeiter eins bedenken:

Zwischen Dem, was im Strom des wirtschaftlichen Lebens sich als zukunftsreiche Gesellschaftseinrichtung und Rechtsinstitution befestigen läßt, und Dem, was weiter schwimmen gelassen werden muß, d. h. zwischen dem heute schon praktisch erreichbaren Socialismus und dem unerreichbaren Gebilde einer idealen Zukunft, ist keine feste Grenze gezogen. Wenn die Arbeiter ihre Interessen recht verstehen, wenn sie wirklich der Fels sein wollen, auf dem, nach Lassalle, „die Kirche der Gegenwart" gebaut werden soll, so müssen sie heute mit fester Hand ihren Konsum organisieren, dürfen dies kostbare Gut nicht wie bisher unachtsam forttreiben und fließen lassen. Sie müssen beginnen zu handeln, wie es Männern zukommt!

V.
Das Prinzip des Genossenschaftswesens und die politische Doktrin der Socialdemokratie.

Die deutschen Arbeiter bringen dem Genossenschaftswesen im Gegensatz zu denen in England und Frankreich ziemlich allgemein ein tief eingewurzeltes Mißtrauen entgegen. Seitdem Ferdinand Lassalle 1863 in seinem „Offenen Antwortschreiben" von den Konsum-Vereinen erklärt hatte, daß sie „niemals auch nur irgendwie" dem Arbeiterstande zu helfen vermöchten, hat kaum ein deutscher Socialist ernsthaft davon wieder zu sprechen gewagt. Die genossenschaftlichen Bestrebungen waren von diesem Augenblick an mit dem Brandmal socialer Pfuscherei behaftet, an ihnen klebte der Verdacht, daß durch sie die Arbeiter von ihren eigenen Interessen abgelenkt und zum Schulze-Delitz'schen Evangelium von der Harmonie zwischen Kapital und Arbeit bekehrt werden sollten. Das Wort „Selbsthilfe" war verpönt und konnte nicht in Arbeiterversammlungen ausgesprochen werden, ohne daß nicht darauf einige „Pfui" erschollen wären. Dagegen wurde das

Wort „Staatshilfe" die allgemeine Losung, und wer nicht darauf schwur, galt für einen Arbeiterfeind. Und das ist so ziemlich bis auf den heutigen Tag noch so, dank der Trägheit unseres Denkens.

In einem seiner besten Schauspiele legt der berühmte norwegische Dramatiker Henrik Ibsen seinem Helden die Worte in den Mund: Eine normal gebaute Wahrheit lebt — nun sagen wir: in der Regel fünfzehn, sechszehn, höchstens zwanzig Jahre; selten länger. Aber solche bejahrte Wahrheiten sind stets entsetzlich dürr und mager. Und dennoch macht sich erst dann die Mehrheit mit ihnen zu schaffen und empfiehlt sie der Menschheit als gesunde geistige Nahrung. Aber ich kann euch versichern: es ist nicht viel Nahrungsstoff in einer solchen Kost . . . ."

Der Mann hat recht! Eine solche normal gebaute Wahrheit, die in 15—20 Jahren alt und marklos wird, lag auch in der Verpönung des Genossenschaftswesens und in der Anpreisung der Staatshilfe und des allgemeinen Wahlrechts durch Lassalle. Heute, wo bereits mehr denn 30 Jahre seit ihrer Verkündigung verstrichen sind, ist sie vollends zur Lüge geworden, und den Wahrheitskämpfern der Gegenwart erwächst die Aufgabe, sie aus den Köpfen der Arbeiterklasse herauszureißen. Sie verpestet dort schon seit langem alles gesunde Denken und verhindert, daß die heute notwendig gewordene sociale Reformarbeit mit Energie und Einsicht in Angriff genommen wird.

Wenn Lassalle die Konsum-Vereine als für die Arbeiter bedeutungslos verwarf, so geschah das im Grunde aus zwei Ursachen. Die eine lag in seiner Theorie vom ehernen Lohngesetz. Wenn diese Theorie richtig ist, dachte Lassalle — und er hielt sie für unbedingt richtig — so ist damit unvereinbar, daß die Konsum-Vereine den Arbeitern etwas nützen; also weg mit den Konsum-Vereinen. Sodann war es Lassalle darum zu thun, die deutsche Arbeiterschaft von der fortschrittlich-liberalen Partei zu trennen. In dieser befand sich Schulze-Delitzsch; er war einer der Führer dieser Partei und vertrat die genossenschaftlichen Ideen. Lassalle mußte also, wollte er seinen Zweck erreichen, den Arbeitern zeigen, daß sie von dem socialen Programm der Liberalen, von dem Genossenschaftswesen nichts zu erwarten hätten. Das geschah denn auch sehr wirksam mittelst der Theorie vom ehernen Lohngesetz.

Heute wissen wir, daß Lassalles Politik, die Arbeiter Deutschlands als selbständige Partei auf die Bühne zu führen und ihnen die Parole des allgemeinen Wahlrechts in den Mund zu legen, richtig, eine geniale That und ein großer geschichtlicher Fortschritt war. In diesem Wirken Lassalles lag eine tiefe innere Notwendigkeit und Wahrheit, und ewig unvergessen wird es ihm bleiben, daß er die deutschen Arbeiter diesen Schritt thun lehrte. Nicht minder aber wissen wir, daß die Theorien, auf welche Lassalle seine großartige Politik aufbaute, falsch waren. Ueber das eherne Lohngesetz wie auch über Lassalles Staatsauffassung sind die Wissenschaft wie auch die socialistischen Parteien als über menschliche Irrtümer bereits hinweggeschritten.

Aber an den daraus gezogenen praktischen Konsequenzen, die doch mit jenen Theorien hinfällig geworden und erst recht nicht mehr zeitgemäß sind, halten weite Arbeiterkreise noch aus alter Gewohnheit fest. Der Glaube an die Staatshilfe hält sie noch immer ab, sich der genossenschaftlichen Organisationsarbeit zu widmen. Und doch werden sie, so lange sie sich nicht an diese Aufgabe machen, keinen Schritt in ihrer Emanzipation weiter kommen!

Mit dem gleichen Recht, mit dem man die genossenschaftliche Organisation der Konsumenten verwirft, kann man auch die gewerkschaftliche der Produzenten verurteilen. Ja, man muß es sogar thun, wenn man konsequent bleiben will. Beiden Organisationen liegt das gleiche Prinzip zu Grunde, das

Prinzip der Association, das Prinzip der Vereinigung vieler kleiner und für sich allein ohnmächtiger Kräfte zur Bildung einer großen und starken Kraft. Bei den Gewerkschaften sind es die Arbeiter als Produzenten, die durch Vereinigung sich mehr Lohn für ihre Arbeitskraft zu erkämpfen trachten; bei den Genossenschaften sind es die Arbeiter als Konsumenten, die durch Vereinigung mehr Ware und Gegenleistung für ihr gutes Geld zu erlangen trachten. Wo ist da ein prinzipieller Unterschied?

Die alten, heute ausgestorbenen Lassalleaner waren in diesem Punkt konsequenter, dachten viel folgerichtiger als manche deutsche Socialdemokraten in der Gegenwart. Sie verwarfen auch die Gewerkschaftsbewegung.

Auf der Generalversammlung des Allgemeinen Deutschen Arbeitervereins 1872 wurde beschlossen, den Wunsch auszusprechen, daß sobald wie möglich alle bestehenden gewerkschaftlichen Verbindungen aufgelöst und die Mitglieder dem politischen Verband zugeführt werden sollten. Dieser Beschluß wurde 1873 auf der Generalversammlung des Allgemeinen Deutschen Arbeiter-Vereins zu Frankfurt a. M. wiederholt und 1874 der Generalversammlung in Hannover in nachstehender Form noch einmal unterbreitet: Die Generalversammlung wolle beschließen: „Auf Grund der Erfahrungen, welche die Mitglieder des Allgemeinen Deutschen Arbeiter-Vereins inbetreff der gewerkschaftlichen Bewegung besonders in Deutschland gemacht haben, erklärt die Generalversammlung folgendes: Die Bestrebungen aller Korporativvereine Deutschlands, welche angeblich den Schutz der Arbeiter gegen die maßlose Bedrückung derselben durch die Kapitalmacht bezwecken, sind durchaus nicht geeignet, diesen Zweck zu erreichen. Die Generalversammlung spricht vielmehr die Ueberzeugung aus, daß der durch die Korporativvereine gegen die Kapitalmacht geführte ungleiche Kampf, der lediglich die unmögliche „Selbsthilfe" der Arbeiter zur Basis hat, nicht nur die Widerstandskraft der Arbeiter, sondern auch die radikalen socialpolitischen Bestrebungen des Allgemeinen Deutschen Arbeiter-Vereins im höchsten Grade gefährdet. Die Generalversammlung erklärt deshalb ferner, daß alle Diejenigen Verräter der Arbeiterklasse sind, welche — meist aus eigennützigen Absichten — fortfahren, die Gewerkschaftsbewegung, entgegen den Beschlüssen der Generalversammlung des Allgemeinen Deutschen Arbeiter-Vereins zu Berlin im Jahre 1872 und zu Frankfurt a. M. 1873, in den Vordergrund der Arbeiterbewegung zu drängen und dadurch die Agitation des Allgemeinen Deutschen Arbeiter-Vereins in unverantwortlicher Weise zu schädigen."

Man sieht, die Lassalleaner von damals hatten den Mut der Konsequenz, und das ist immer gut, weil, wenn ein Irrtum bis in seine letzten Folgerungen ausgedacht wird, er leicht als Irrtum zu erkennen ist. Werden hingegen die Konsequenzen nicht gezogen, so tritt das Irrtümliche einer Anschauung lange nicht hervor; es bleibt gewissermaßen darin latent; erst wenn alle schützenden Hüllen gefallen sind, tritt der den Irrtum ausmachende Widerspruch gegenüber den offenkundigen Thatsachen deutlich und schlagend hervor.

Gerade weil die Resolution der Lassalleaner die letzten Schlußfolgerungen aus der Lassalle'schen Staatsauffassung enthält, mit dieser an die Wirklichkeit herantritt und letztere danach gestalten will, zeigt sie auch, wohin es führt, wenn man die „Selbsthilfe" bedingungslos verwirft und alles Heil von der „Staatshilfe", von politischer Macht und Thätigkeit erwartet.

Die Gewerkschaften sind in der That nichts anderes als organisierte Selbsthilfe. Das haben die Lassalleaner richtig herausgefunden. Sie verwarfen sie daher auch mit dem gleichen Recht wie die Genossenschaften. Aber wegen dieser Beschlüsse sind die Gewerkschaften nicht verschwunden; wer heute denjenigen einen Verräter der Arbeiter schelten wollte, der sich die Gewerkschaftsbewegung angelegen sein läßt, würde als Narr nur ausgelacht. Die Gewerkschaften haben sich enorm entwickelt kraft des ihnen zu Grunde liegenden fruchtbaren Prinzips, aber diese Entwicklung ist nicht durch die Resolutionen von 1872 und 1874 gerichtet worden, sondern umgekehrt, die Lassalle'schen Doktrinen, welche dazu verleiteten, die Selbsthilfe zu verpönen und die Staatshilfe zu vergöttern, sind durch die Entwicklung der Gewerkschaftsbewegung gerichtet worden, die Geschichte selbst hat ihre Verkehrtheit aufgedeckt und ins hellste Licht gestellt, so daß Jedermann das erkennen mußte. Die Macht der Thatsachen also zwang die Socialdemokratie zur Anerkennung der Gewerkschaftsbewegung. Aber weiter hat sie es noch nicht gebracht. Gegenüber dem Genossenschaftswesen nimmt sie noch heute genau die gleiche verkehrte Stellung ein, wie früher Lassale, und das zwar, obwohl sie die Lassalle'schen Doktrinen, die theoretische Grundlagen für ihre Stellungnahme, endgültig aufgegeben hat. Man kann aus dieser einen unbestreitbaren Thatsache schon auf die furchtbare Gedankenkonfusion schließen, in der die deutsche Socialdemokratie haltlos hin- und herstolpert.

Auf dem Berliner Parteitag 1892 ist die Stellung der Socialdemokratie zum Genossenschaftswesen neuerdings diskutiert worden. Die darauf bezüglichen Verhandlungen enthüllten schlagend die Unfähigkeit der Partei, eine so gewaltige und in ihrem innersten Wesen socialistische Strömung, wie es die Genossenschaftsbewegung ist, auch nur einigermaßen zu würdigen. Der Referent Auer begann seine Rede mit den bezeichnenden Sätzen:

„Wer die Lassalle'schen Agitationsbroschüren kennt, muß auch die Stellung der Socialdemokratie zu dem Genossenschaftswesen kennen. In dieser unserer prinzipiellen Stellung hat sich seit jener Zeit nichts geändert. Die Auffassung, daß auf dem Wege der Genossenschaftsbildung es möglich sei, die wirtschaftlichen Forderungen der Socialdemokratie, ihre Forderungen überhaupt zu erreichen, kann nur derjenige teilen, der das Wesen der Socialdemokratie nicht kennt."

(Berliner Protokoll pag. 222.)

Dann folgten die bekannten Einwände gegen die Produktivgenossenschaften; von den Konsumgenossenschaften war überhaupt keine Rede. Die naheliegende Frage, wie man denn zu einer genossenschaftlich organisirten Gesellschaft, die angeblich die Socialdemokratie anstreben will, kommen solle, ohne sich um die Genossenschaften zu bekümmern, beantwortet Auer mit den folgenden, ebenfalls außerordentlich charakteristischen Sätzen:

> „In unserer Litteratur ist trefflich dargestellt, daß das Personal, die Einrichtung und die Vorbedingungen zur Errichtung des socialistischen Gemeinwesens uns von der bürgerlichen Gesellschaft in ihrer Entwicklung selber geliefert werden muß; und sie liefert sie uns, darüber ist kein Zweifel. Wir brauchen nicht die leiseste Sorge darum zu haben, daß an dem Tage, wo wir in der Lage sind, die Einrichtungen zu treffen, auch das Personal vorhanden ist, welches diese Funktionen in der neuen Gesellschaftsform ausüben wird."

Oberflächlicheres, ja frivoleres konnte wohl kaum über das ungeheuerste Organisationsproblem, das die Menschen je zu lösen hatten, über die Frage der Einrichtung einer socialistischen Gesellschaft gesagt werden. „Die Entwicklung selber liefert sie uns," — das ist der socialdemokratischen Weisheit letzter Schluß! Fürwahr, die Partei des „wissenschaftlichen" Socialismus hat es weit gebracht!

Ganz den gleichen Geist athmete denn auch die Resolution, die Auer vorschlug und angenommen wurde. Sie lautete:

> „In der Frage des Genossenschaftswesens steht die Partei nach wie vor auf dem Standpunkt:
> Sie kann die Gründung von Genossenschaften nur da gutheißen, wo sie die sociale Existenzermöglichung von im politischen oder im gewerkschaftlichen Kampf gemaßregelten Genossen bezwecken oder wo sie dazu dienen sollen, die Agitation zu erleichtern, sie von allen äußeren Einflüssen der Gegner zu befreien. Aber in allen diesen Fällen müssen die Parteigenossen die Frage der Unterstützung davon abhängig machen, daß genügend Mittel für eine gesunde, finanzielle Grundlage zur Verfügung stehen und Garantien für geschäftskundige Leitung und Verwaltung gegeben sind, ehe Genossenschaften ins Leben gerufen werden.
> Im übrigen haben die Parteigenossen der Gründung von Genossenschaften entgegenzutreten und namentlich den Glauben zu bekämpfen, daß Genossenschaften im-

stande seien, die kapitalistischen Produktionsverhältnisse zu beeinflussen, die Klassenlage der Arbeiter zu heben, den politischen und gewerkschaftlichen Klassenkampf der Arbeiter zu beseitigen oder auch nur zu mildern."*)

Zur weiteren Begründung der in dieser Resolution niedergelegten Anschauungen berief sich Auer auch auf das neue, nach den Lehren von Karl Marx umgestaltete Erfurter Programm. In diesem Programm ist ganz zutreffend davon die Rede, daß die Produktionsmittel in gesellschaftliches Eigentum, die kapitalistische Warenproduktion in eine socialistische, für und durch die Gesellschaft betriebene Produktion umgewandelt werden müsse, um das Proletariat zu befreien. Als Mittel, dies Ziel zu erreichen, empfiehlt das Erfurter Programm den **politischen Kampf** der Arbeiterklasse gegen die kapitalistische Ausbeutung, die Eroberung der politischen Macht, der Staatsgewalt.

---

*) In völliger Uebereinstimmung mit dieser Resolution erklärte Bebel bald darauf im deutschen Reichstag nach dem stenographischen Bericht der Sitzung vom 31./I. 93: „Sie scheinen gar nicht zu wissen, daß es socialistische Genossenschaften heute nicht giebt (!), daß sie gar nicht existieren können (!), daß, eine „socialistische Genossenschaft" etwa als Gegenmittel gegen die bürgerliche Gesellschaft an einem Ort zu gründen, von uns als Wahnsinn erklärt wird... Wir können unter keinen Umständen es billigen, daß unsere Parteigenossen Mittel und Kräfte dazu verwenden, Genossenschaften ins Leben zu rufen, in dem Glauben, daß sie, sei es für sich oder ihre Klassengenossen, damit einen wesentlichen Vorteil erringen... Wir betrachten sie als im ganzen für die große Bewegung gleichgiltige Institutionen, die mit ihr nichts zu schaffen haben, genau, wie wir den Konsum-Vereinen vollständig neutral gegenüberstehen. Wir legen dem Vorteil, den diese ihren Mitgliedern verschaffen, gar kein Gewicht bei, weil wir der Meinung sind, sie haben gegenüber den großen Umgestaltungen, die in Frage kommen, um die Arbeiterklassen als solche von dem bestehenden Lohnsystem zu befreien und den Klassenstaat als solchen zu beseitigen, **gar keine Bedeutung**."

Wie ganz anders urteilte doch Marx bereits 1865! Verglichen mit den angeführten Aeußerungen der Herren Bebel und Auer, zeugen seine Worte von einer Einsicht in die Bedeutung des Genossenschaftswesens, die turmhoch über der seiner „Schüler" steht. In der berühmten Inauguraladresse an die Internationale erklärte Marx, daß die „auf dem Prinzip der Kooperation beruhenden, durch wenige unverzagte, wenn auch ununterstützte Hände ins Leben gerufenen Fabriken" einen „**noch größeren Sieg der politischen Oeko-**

Diese Ansicht, daß die bestehende Wirtschaftsverfassung, unsere heutige Gesellschaftsordnung, durch ein im Besitz der Staatsgewalt gelangtes Proletariat abgeschafft und durch ein socialistisch organisiertes Gemeinwesen ersetzt werden könnte, daß sich mit der Diktatur des Proletariats ein völliger socialwirtschaftlicher Systemwechsel herbeiführen lasse, — diese Ansicht bildet den Kern des politischen Systems von Karl Marx. Oberflächlich betrachtet erscheint sie als eine ganz neue Doktrin, und wir geben unbedingt zu, daß, wenn sie richtig wäre, sich auch gegen die Auer'sche Resolution über das Genossenschaftswesen nichts Triftiges einwenden ließe. Aber der Grundgedanke des politischen Systems von Karl Marx ist weder neu noch richtig, er ist bei Lichte besehen nichts anderes als die ins Revolutionäre übersetzte Anschauung Lassalles. Lassalle wollte nur die Staatsgewalt durch die Arbeiter und mit Hülfe des allgemeinen Wahlrechts zur Intervention in die wirtschaftlichen Angelegenheiten zwingen, Marx dagegen will die Staatsgewalt durch das Proletariat

nomie der Arbeit über die politische Oekonomie des Besitzes" vorstellen als die Erfolge der Zehnstundenbill! Er sagt wörtlich: „Der Wert dieser großen socialen Experimente kann nicht hoch genug veranschlagt werden. Durch die That, statt der Gründe, haben sie bewiesen, daß Produktion in großem Maßstab und in Uebereinstimmung mit den Geboten der modernen Wissenschaft stattfinden kann ohne die Existenz einer Klasse von Arbeitgebern, die einer Klasse von Arbeitnehmern zu thun giebt, daß die Arbeitsmittel, um Früchte zu tragen, nicht als ein Werkzeug der Herrschaft über und der Ausbeutung gegen den Arbeitenden selbst monopolisiert zu werden brauchen, und daß Lohnarbeit, wie Sklavenarbeit, wie Leibeigenschaft, nur eine vorübergehende und untergeordnete Form ist, die, dem Untergang geweiht, verschwinden muß vor der associierten Arbeit, welche ihre schwere Aufgabe mit williger Hand, leichtem Sinn und fröhlichem Herzen erfüllt."
Aber Marx ist der Meinung, daß diese Anläufe unter den heutigen Verhältnissen nicht entwicklungsfähig seien. „Um die gewerbthätigen Massen zu retten, müßte Kooperativarbeit zu nationalen Dimensionen entwickelt und, folgerichtig, durch Staatsmittel gefördert werden. Dagegen aber werden die Herren des Grundbesitzes und des Kapitals stets ihre politischen Privilegien zur Verteidigung und Verewigung ihrer ökonomischen Monopole aufbieten... Deshalb ist es die große Pflicht der arbeitenden Klassen, die politische Macht zu erobern." Marx erkannte noch nicht die Macht, welche in der Organisation des Konsums liegt!

erobern und dieses dann selbst intervenieren lassen. Aber das Mittel der Intervention ist in beiden Fällen die politische Organisation der Gesellschaft. Der Staat ist der gemeinsame Boden, von dem aus Lassalle wie Marx dem bestehenden Kapitalismus zu Leibe gehen und ihn beseitigen möchte.

Zwischen den politischen Theorien von Lassale und Marx besteht daher auch kein prinzipieller, qualitativer, sondern nur ein taktischer, quantitativer Unterschied. Und verwirft man grundsätzlich die Lassalle'sche Staatsauffassung, so muß man logisch auch das politische System von Marx anzuerkennen sich weigern. Die deutsche Socialdemokratie bringt es aber nichtsdestoweniger fertig, Lassale theoretisch zu überwinden, zu den Toten zu werfen, Marx dagegen als ihren politischen Lehrmeister zu proklamieren und seine Doktrinen mit der Inbrunst eines Evangeliums zu predigen.

Woher kommt das, wie erklärt sich diese seltsame Inkonsequenz, dieser unbegreiflich erscheinende logische Widersinn? Können, so wird man fragen, so viele gebildete, im Denken geübte Leute, wie deren die deutsche Socialdemokratie doch eine ganze Anzahl unzweifelhaft besitzt, so handgreifliche Widersprüche jahrelang mit sich herumtragen, ohne sie zu bemerken?

Und dennoch ist das der Fall! So wie man aber einmal auf den Grund dieser anscheinend rätselhaften Thatsache gesehen hat, hört sie auf ein Rätsel zu sein. Die Lösung desselben liegt in den politischen Verhältnissen, unter denen die Socialdemokratie sich entwickelt hat. In dem Widersinn der politisch-socialen Thatsachen findet der Widerspruch in den socialpolitischen Gedanken seine Erklärung.

Deutschland ist seit Jahrzehnten ein in seiner westlichen Hälfte sich mit Riesenschritten wirtschaftlich entwickelndes Land. Nichtsdestoweniger ist der, die moderne deutsche Gesellschaft überspannende politische Beherrschungsapparat ein reaktionäres, alle entscheidenden und großen Bedürfnisse des Volkes, besonders der Arbeiterklasse verkennendes Staatswesen. Die politische Umwälzung von 1870/71, die Begründung des neuen deutschen Reichs hat in dieser Beziehung wenig geändert, im Gegenteil, sie hat das Uebel vergrößert, indem nun das ganze Gebiet des geeinigten Deutschlands, besonders seine vorgeschrittensten südlichen Staaten der Beherrschung durch die preußische Staatsmaschine unterworfen wurden. Statt daß sich diese Staatsmaschine nun den neuen Verhältnissen und Aufgaben angepaßt hätte, hat sie sich denselben widersetzt und, gestützt auf die östlichen Provinzen, ihren reaktionären Charakter von Jahr zu Jahr schärfer ausgeprägt. Wo Freiheit und Takt not that, ist man brutal mit dem Polizeistock dreingefahren, wo es galt dem modernen Volks- und Rechtsbewußtsein Konzessionen zu machen, hat man es systematisch verletzt; wo verständnißvolles Nachgeben am Platze gewesen wäre, wo man Spielraum und Bewegungsmöglichkeit hätte gewähren sollen, da bestand man auf überlebtem formellem Recht oder schuf sogar noch infame Ausnahmegesetze, mit denen man nicht nur die Arbeiterbewegung, sondern auch rein geistige Bestrebungen chikanierte; wo man dagegen energischen Widerstand gegen unverschämte und gemeinschädliche Interessenbestrebungen hätte leisten sollen, da versagte mit einem Male die viel gerühmte preußische Schneidigkeit, und die Staatsgewalt gefiel sich mit Wollust in der Rolle eines gehorsamen Dieners gegenüber den Wünschen der ostelbischen Junker. Ueberhaupt wollte man die in ihren ökonomischen Grundlagen völlig veränderte west- und süddeutsche Gesellschaft nicht gemäß ihren inneren natürlichen Antrieben sich ihre notwendig gewordene neue sociale Organisation suchen lassen, sondern diese glaubte der Polizeistaat in seiner unendlichen Regierungsweisheit für seine Unterthanen obrigkeitlich festsetzen zu sollen. Was nicht in seine Schablone paßte, wurde unbarmherzig verfolgt und womöglich mit Stumpf und Stiel ausgerottet. Statt einfach, übersichtlich und den lokalen Bedürfnissen angepaßt, wurde die Verwaltung kompliziert, verworren und bureaukratisch; die Rechtspflege entwickelte man, statt zum Palladium der Volksrechte, zu einer von der Regierung abhängigen politischen Verfolgungsmaschinerie.

So hat sich der deutsche Staat zur deutschen Gesellschaft in ein stetig erbitterter werdendes, ungesundes und auf die Dauer unhaltbares Verhältnis gesetzt. Und die Ursache davon? Die Regierungsweisheit war nicht die Quintessenz der modernbürgerlichen Bestrebungen des wirtschaftlich fortschreitenden Westdeutschlands, sondern der Ausfluß der feudal-junkerlichen Interessen des wirtschaftlich zurückgehenden Ostdeutschlands. Bismarck war der „geniale" Vertreter dieser „nationalen" Politik, mit der er das deutsche Staatsschiff in die immer höher aufschäumende sociale Brandung der Gegenwart hineingesteuert hat. Er verschuldet es, — wenn sich bei dem ehernen Gang der Geschichte von individuellem Verschulden überhaupt reden läßt, — daß die Freiheitsbewegung der deutschen Gesellschaft — und das ist die Socialdemokratie — sich heute gegen das preußische Königtum richtet und daß dieses, in tötlicher Verblendung gegen seine vitalsten Interessen, mit dem bald aufgebrauchten Rest ostelbischer socialer Machtmittel das Wagnis unternimmt, das Verlangen des deutschen Volkes nach einem modernen bürgerlichen Staatswesen zurückzudrängen. Bismarck hat der Monarchie in Deutschland, indem er sie den Interessen Ostdeutschlands dienstbar machte, das Grab geschaufelt, und es ist nur eine Frage der Zeit, wann diese in dasselbe hineinstürzt.

Man muß sich diese Situation vergegenwärtigen, um zu begreifen, warum gerade in Deutschland und sonst nirgends der „Marxismus" auf einen fruchtbaren Boden fiel. Er verdankt diesen Erfolg nicht seiner angeblichen „gedanklichen Einheit und Geschlossenheit", wovon manche Professoren fabelten, nicht dem Umstande, daß er eine „neue Weltanschauung" ist; seine Bedeutung, seine die Geister bestrickende Kraft und seine Brauchbarkeit für die deutsche Socialdemokratie liegt vielmehr in seinen vielen inneren Widersprüchen, in seinen logischen Inkonsequenzen!

Der „Marxismus" besteht in seinem Wesen aus zwei ganz verschiedenen Teilen. Den einen bildet eine allgemeine, in ihren Grundzügen richtig gedachte, obschon der Ergänzung und Einschränkung bedürftige Theorie der socialen Entwicklung. Diese Theorie ist wissenschaftlich fruchtbar, sie ist aus fein beobachteten gesellschaftlichen Thatsachen und Vorgängen abgeleitet und lehrt, daß die Produktionsverhältnisse die Grundlage aller gesellschaftlichen Ordnungen und Einrichtungen bilden, d. h. daß die Art der Verbindungen, welche die Menschen in der Gesellschaft miteinander eingehen, nicht willkürlich oder auf Grund freier Uebereinkunft, nicht durch einen „Gesellschaftsvertrag" bestimmt wird, sondern davon abhängt, wie die Menschen ihren Lebensunterhalt gewinnen. Anders ausgedrückt: jede gesellschaftliche Machtstellung hat in einer starken wirtschaftlichen Position ihre Ursache, sociale Knechtschaft erklärt sich aus ökonomischer Abhängigkeit. Aber damit nicht genug, die socialen Machtverhältnisse drücken sich auch in den politischen Zuständen, der staatlichen Gesetzgebung, Verwaltung und Rechtspflege aus. Im Staat herrschen immer nur die social und wirtschaftlich mächtigen Klassen und Interessen. — Den zweiten Bestandteil des „Marxismus" bildet jenes politische System, das den Arbeitern lehrt, sie müßten sich irgend wie die Staatsgewalt erobern, um dann in revolutionärer Weise durch diktatorische Aufhebung des Privateigentums, durch die Expropriation der Expropriateurs die kapitalistische Gesellschaft in die socialistische umzuwandeln.

Es braucht nun keinen großen Scharfsinn, um einzusehen, daß Marx' sociale Entwicklungstheorie zu seinem politischen System paßt, wie die Faust aufs Auge. Die eine Doktrin hebt die andere auf, und in der Inkongruenz dieser beiden im

Marxismus zusammengekoppelten Lehren liegt der Grund der tausend logischen Widersprüche, mit denen wir die deutsche Socialdemokratie sich jahraus, jahrein herumschlagen sehen.

Dennoch, behaupten wir, war der Marxismus für die deutsche Socialdemokratie die einzig richtige, weil für ihre Verhältnisse einzig passende Lehre. Den logischen Widersprüchen des Marxismus entsprachen die faktischen Widersprüche in der Socialdemokratie. Sie will eine Partei des Industrieproletariats sein und wendet sich an das Kleinbürger- und Bauerntum, sie will die ökonomische Macht der Arbeiter vergrößern und strebt nur nach politischer, sie will die Klassen aufheben und doch die Diktatur des Proletariats proklamieren, sie will den Staat abschaffen und doch alles verstaatlichen, sie will eine socialistische Gesellschaft mit genossenschaftlicher Wirtschaftsverfassung einführen und verwirft doch die Genossenschaften, die ökonomische Basis aller socialistischen Gesellschaftsordnung. Ganze Seiten ließen sich noch mit solchen Widersprüchen füllen, aber die angeführten genügen, um den zwieschlächtigen Charakter der Socialdemokratie zu erkennen.

Es wäre thöricht, der Partei insgesamt deshalb Vorwürfe zu machen; sie kann für diese Widersprüche, die ihr kaum zum klaren Bewußtsein kommen, nichts. Sie ist nur widerspruchsvoll, weil sie ein Produkt widerspruchsvoller Verhältnisse ist, widerspruchsvolle Bestrebungen zusammenfaßt, weil die sociale Entwicklung und das politische Regime in Deutschland — wie wir nachwiesen — nichts anderes ist als **ein großer Widerspruch**!

Hier liegt der Springpunkt zum Verständnis der deutschen Socialdemokratie, ihrer Entstehung, Entwicklung und jüngsten Vergangenheit, in der endlich die lange latent gebliebenen theoretischen Widersprüche sich lösen und aufeinander platzen — ein Zeichen, daß die Zeit nicht mehr fern sein kann, wo der reale Grundwiderspruch platzen muß; ein Vorbote ebensowohl des Zerfalls der deutschen Socialdemokratie, als auch einer politischen Umwälzung im deutschen Reich.

Hier liegt auch der Schlüssel zur richtigen Erkenntnis des Marxismus, zur Auflösung des Rätsels seiner Erfolge. Der richtigen socialen Entwicklungslehre von Marx entsprach die gesunde und folgerichtige sociale Umgestaltung des westlichen bürgerlichen Deutschlands. Die hier auf Grund der ökonomischen Verhältnisse hervortretenden socialen Mächte rangen nach einem entsprechenden politischen Ausdruck, nach einem modern bürgerlichen Staatswesen. Die Lehre entsprach so ziemlich der Wirklichkeit. Aber auch das politische System von Marx ist die theoretische Formulierung einer realen Thatsache, nämlich des politischen Regimes in Deutschland! Dies will der deutschen Gesellschaft diktatorisch eine sociale Verfassung aufzwingen, glaubt mit der Staatsgewalt einen ökonomisch-socialen Systemwechsel herbeiführen zu können. Aus diesem Geist ist die deutsche „Socialreform" mit ihrer verfehlten Versicherungsgesetzgebung herausgeboren.

Marx' politisches System der Diktatur ist die Rückseite, Bismarcks und der heutigen Aera diktatorisches System der Politik ist die Vorderseite der Medaille. Beide gehören zusammen und werden daher auch nur miteinander verschwinden. Das mag sich besonders der kaiserliche Umsturzbekämpfer von heute gesagt sein lassen. Seine falsche und verderbliche reaktionäre Gewaltpolitik gegenüber dem notwendigen Verlangen der Gesellschaft nach Freiheit und Gerechtigkeit erfüllt allein die Massen mit dem Glauben an die Notwendigkeit der Eroberung der politischen Macht, der Diktatur des Proletariats. Man denke sich Deutschland demokratisch — die politische Spitze könnte noch auf lange hinaus in eine Hohenzollernkrone auslaufen, wie es ähnlich in England der Fall ist — und die revolutionäre Doktrin von Marx wäre ein kraftloser Schemen, der die Sinne des Volks, wie in den politisch freien Ländern, nicht zu berücken vermöchte. Die politische Einsichtlosigkeit der preußisch-deutschen Regierung, nicht der Kapitalismus, ist an dem Anwachsen der Socialdemokratie schuld, und wenn die erstere nicht bald dem Verlangen der socialen Mächte nach politischen Rechten und Freiheiten entspricht, so wird die Socialdemokratie sich wirklich die Staatsgewalt erobern, das Kaisertum stürzen und der Gesellschaft die Rechtsordnung geben, die jene braucht, um sich weiter entwickeln zu können. Ein drittes giebt es nicht, und selbst ein Kaiser Wilhelm II. vermag die Logik der Thatsachen nicht auf den Kopf zu stellen. Er möge dagegen wohl bedenken, daß schon manches Monarchen Kopf den Thatsachen der unerbittlichen, geschichtlichen Logik zum Opfer gefallen ist!

Die Socialdemokratie läßt sich durch nichts anderes bekämpfen als durch das Gewähren politischer Freiheit. Und an dem Tage, wo die Gesellschaft in Deutschland ihre politischen Fesseln abstreifen kann, wo in ihr für eine ungehinderte zielbewußte sociale Organisationsarbeit Raum geschaffen wird, — an dem Tage gehört auch der revolutionäre Marxismus zu den toten Doktrinen, die Socialdemokratie zu den politischen Parteien, die ihre Mission erfüllt haben und sich allmählich auflösen müssen. **Als nächster hinter der preußischen Monarchie steigt die deutsche Socialdemokratie ins Grab**, und zwar weil sie in ihrem innersten Wesen eine **unsocialistische** Partei ist. In einem politisch freien deutschen Staatswesen hat sie keinen Platz mehr. Sie muß sich theoretisch und praktisch auf neue Grundlagen stellen. Was heute nur einer ihrer Bestandteile ist, die Arbeiterbewegung, was gegenwärtig nur bei ihr als Unterströmung auftritt, das Streben nach socialistischen Zielen, das wird dann in den Vordergrund treten.

Erst künftig wird sie eine wirkliche Arbeiterpartei werden, wird sie allein die **politische Interessenvertretung der gewerk- und genossenschaftlich organisierten Arbeiterklasse** bilden. Aber bevor sie das werden kann, muß sie ihre heutige Doktrin von Grund aus revidiert haben, muß sie den Marxismus überwinden. Und es wäre sehr zu wünschen, wenn sie die theoretische Krisis noch vor der praktischen durchmachen könnte, wenn nicht erst verfehlte Maßregeln, zu denen sie gedrängt würde, wenn sie zu politischer Macht gelangt wäre, sie von der Verkehrtheit des politischen Systems von Marx überzeugen müßten. Viele Rückschläge könnten dadurch der socialen Entwicklung der Arbeiterklasse in Deutschland erspart, blutige Katastrophen vermieden werden.

Es liegt heute im ureigensten Interesse der deutschen Arbeiterschaft, sowie in dem aller Männer, welche Deutschland und seinem ganzen Volk nach der einst überstandenen politischen Umwälzung kein sociales Chaos, sondern eine möglichst schnelle Gesundung seiner gesellschaftlichen Zustände wünschen, daß man sich schon jetzt über den Charakter der Socialdemokratie und das Maß dessen, was sie zu erreichen vermag, klar wird. Niemand erwarte von ihr, wenn sie einmal zur Herrschaft gekommen sein sollte, die Abschaffung der kapitalistischen Gesellschaftsordnung, die Einrichtung der socialistischen Produktionsweise. Die Socialdemokratie in Deutschland, an die Regierung gekommen, kann nichts socialistisches thun; sie kann und wird das Staatswesen gründlich reformieren müssen, und das wird sehr heilsam sein. Aber den Kapitalismus wird sie nicht beseitigen können. Verstaatlichungsversuche großen Stils werden notwendig scheitern und nur den Sturz der neuen Regierung bewirken. Und dort, wo sie wirklich mit starker politischer Macht in die socialen Verhältnisse eingreifen muß, da wird sie geradezu unsocialistisch zu handeln gezwungen sein. Eine demokratische Regierung in Deutschland wird, wenn sie nicht ihre Aktionsfähigkeit von Anfang an in Frage stellen will, die socialen Festungen der politischen Reaktion, den ostelbischen Großgrundbesitz zerschlagen müssen. Die socialdemokratische Agrarfrage lautet in Wirklichkeit: Wie läßt sich in

Ostdeutschland ein zahlreicher Stand demokratischer Kleingrundbesitzer und eine rentable kleinbäuerliche Wirtschaft etablieren? Den Arbeitern selbst kann die Regierung nicht mehr gewähren als völlige Freiheit, sich zu organisieren, und Förderung ihrer Organisationsbestrebungen; in den Kämpfen zwischen Kapital und Arbeit wird sie dagegen strikte Neutralität zu bewahren haben, wie sie denn überhaupt gegenüber allen Klassen Gerechtigkeit walten lassen muß. Alles in allem wird sie nicht mehr als eine gut bürgerlich-radikale Kulturpolitik in Scene zu setzen vermögen.

Es wäre gut, wenn sich die deutschen Arbeiter bei Zeiten mit diesem Gedanken vertraut machten. Er paßt zwar gar nicht zu dem Hoffnungsrausch, in dem sie bei der Vorstellung einer socialdemokratischen Regierung in Deutschland zu schwelgen gewohnt sind. Aber nur die Nüchternheit, eine realistische Auffassung der Dinge, die da kommen werden, wird sie davor bewahren können, daß der endlich errungene Erfolg ihnen nicht wieder verloren geht. Indem sie die Bewegung über ihr erreichbares und geschichtliches Ziel hinaustreiben, beschwören sie nur eine Reaktion herauf, von der dann allerdings zu befürchten wäre, daß in ihr nicht nur die Socialdemokratie mit ihren unreifen Illusionen, sondern unsere gesamte deutsche Kultur ihr Grab findet. In dem Augenblick, wo die deutsche Republik socialistische Experimentalpolitik zu treiben beginnt, setzen sich die barbarischen Horden Rußlands gegen uns in Bewegung! Und was das in solcher Situation zu bedeuten hätte, ist so grausig, daß wir es nicht auszudenken wagen.

Aber eine ernste Mahnung sollte uns diese furchtbare Perspektive sein! Soll der deutsche Arbeiter wirklich der Träger einer neuen höheren Kultur werden, so ist es an der Zeit, daß er den Gedanken der Aufrichtung einer socialistischen Gesellschaft mit Hilfe einer socialdemokratischen Regierung fahren läßt. Er muß einsehen lernen, daß sich die socialistische

Gesellschaft nicht politisch dekretieren, diktatorisch anbefehlen, sondern nur in völliger socialer Freiheit, die allen Klassen gewährt werden muß, organisieren läßt.

Und das Tempo der socialen Entwicklung, durch welche die Arbeiter zu ihrem Endziel gelangen werden, hängt wesentlich davon ab, wie schnell und wie tief sie den Gedanken der Organisation des Konsums ihrer Klasse zu erfassen vermögen. In ihm liegt nicht nur die Kraft zur Stärkung der Gewerkschaftsbewegung, sondern auch der Hebel, um den riesigen Koloß, den wir kapitalistische Gesellschaft nennen, in das ideale Zukunftsland des Socialismus allmählich hinüberzuwälzen.

Je eher sie diese Wahrheit begreifen, desto besser für sie und unser ganzes deutsches Vaterland!

Wir wollen, indem wir die deutschen Arbeiter veranlassen möchten, sich von dem Glauben an die verkehrten politischen Doktrinen von Karl Marx loszureißen, sie nicht dazu überreden, sich von der deutschen Socialdemokratie zu trennen, deren Fahne zu verlassen und ihre eigenen Wege zu gehen. Sie müssen und sollen einstweilen in dieser Partei bleiben, sie unterstützen und in ihr kämpfen. Keine andere Partei vermag vorläufig in Deutschland freie Bahn zu schaffen als die Socialdemokratie, und die brauchen die Arbeiter gerade so gut wie die anderen Elemente, welche in der Partei stehen. Wir verlangen nur, daß sich die Arbeiter des Charakters und begrenzten historischen Ziels der Socialdemokratie bewußt werden, daß sie sie als die Freiheitsbewegung der gesamten deutschen Gesellschaft, nicht als die besondere der Arbeiterklasse erkennen, daß sie die Mission dieser Bewegung verstehen lernen, die erfüllt ist, wenn sie in Deutschland ein modernes freies Staatswesen, eine bessere Verwaltung, eine gerechtere Rechtspflege und sociale Bewegungsfreiheit geschaffen hat.

Wir haben uns eine weite Abschweifung, die uns von dem Prinzip des Genossenschaftswesens weg auf das Gebiet der hohen Politik führte, erlaubt. Und doch war dieser Exkurs notwendig, um alle die Anhaltspunkte zu gewinnen, die man braucht, um zu einem wirklichen Verständnis des Grundes zu gelangen, aus dem die Socialdemokratie in Deutschland heute noch das Genossenschaftswesen verwirft.

Wir fanden zunächst, daß es anscheinend die Theorien von Lassalle und später die politische Doktrin von Karl Marx waren, welche die Partei veranlaßten, dem Genossenschaftswesen alle socialreformatorische Bedeutung abzusprechen. Damit war jedoch für uns die Stellungnahme noch nicht genügend erklärt. Wir zeigten, daß sie sich auf einen logischen Widerspruch aufbaute, daß die theoretischen Fundamente der Gegnerschaft gegen die Organisation des Konsums aus keinen allgemein anzuerkennenden Sätzen, sondern aus falschen Doktrinen bestehen, die sich nur aus der Besonderheit der deutschen Verhältnisse verstehen und erklären lassen. Aus diesen gesellschaftlich-politischen Zuständen im deutschen Reich erkannten wir auch den historisch bedingten Charakter der Socialdemokratie. Sie kann keine Arbeiterpartei sein, sondern ist der politische Ausdruck einer großen allgemeinen Volksbewegung, die nach einem modernen, sociale Organisationsfreiheit gewährenden Staatswesen strebt. An dieser Bewegung nimmt nicht nur die Arbeiterklasse, sondern auch das Kleinbürgertum teil. Letzteres als das social mächtigere Element beherrscht den socialen Charakter und das sociale Ziel der Partei und täuscht sich und die Arbeiterklasse mit Hilfe der politischen Doktrinen von Lassalle und Marx ideologisch über den socialen Interessengegensatz, der zwischen Arbeiterklasse und Kleinbürgertum besteht, hinweg. Das ist so lange möglich, als die gemeinsamen politischen Interessen von Proletariat und Kleinbürgertum im Vordergrund stehen und infolge dessen der sociale Interessengegensatz zwischen diesen beiden Klassen nicht zur Entwicklung gelangt. In dem Genossenschaftsprinzip manifestiert sich nun theoretisch dieser Interessengegensatz, es wird und muß daher negiert werden. Daß es in Wirklichkeit geschieht, beweist zur Evidenz den social kleinbürgerlichen Charakter der deutschen Socialdemokratie. Das sociale Interesse des Kleinbürgertums giebt in ihr den Ausschlag, nicht das der Arbeiterklasse. Daraus braucht nicht gefolgert zu werden, daß die socialen Interessen des Proletariats in der Partei völlig vernachlässigt werden. Dort, wo sie der Großbourgeoisie entgegengesetzt sind, unterstützt sogar das Kleinbürgertum die Bestrebungen der Arbeiter. Aber wo sie ihre Spitze gegen seine eigenen Interessen richten, bekämpft es sie.

Aus dem Bewußtsein dieses socialen Thatbestandes äußerte der schon mehrmals genannte Gewerkschaftsführer Legien auf dem Berliner Parteitag der Socialdemokratie (1892) sehr richtig:

> „Unsere Partei ... beschränkt sich nicht mehr auf die Lohn=
> arbeiter, sondern eine ganze Reihe Kleingewerbetreibender, kleiner
> Unternehmer stehen mit als Genossen in der Organisation; und diese
> kleinen Unternehmer fühlen den Druck, welchen die Gewerkschaften
> mit der Kontrolmarke und den Genossenschaften (gemeint sind
> Produktivgenossenschaften) ausüben; **sie sehen auch in diesen
> Dingen etwas, was ihren persönlichen Interessen und
> Verhältnissen zuwidersteht.** Aus diesen Gründen ist die
> starke Strömung gegen das Genossenschaftswesen .... entstanden."
> (Berliner Protokoll, pag. 239.)

Die Socialdemokratie in Deutschland beruht — infolge der dort vorhandenen, geschichtlich notwendigen Situation — auf einer Allianz zwischen Arbeiterklasse und großen Massen jener kleinen Bourgeoisie, die hauptsächlich vom Zwischen=handel lebt. Ihr Zweck ist Beseitigung der bestehenden Regie=rungsmaschine, „Eroberung der politischen Gewalt". An diesem Ziel ist in erster Linie die Arbeiterklasse interessiert; aber auch das Kleinbürgertum muß es wünschen. Es unter=stützt daher die Socialdemokratie, kämpft mit in ihren Reihen und hilft den Arbeitern die Reichstagsmandate erobern. Aber diese seine Unterstützung macht es von der Schonung seiner socialen Interessen seitens der Arbeiter abhängig. Es ver=

langt kategorisch Verwerfung des Genossenschaftsprincip, weil dies, auf den Konsum der Arbeiterklasse angewendet, seinen aus der Zirkulation gezogenen Profit und damit seine gesellschaftliche Position beeinträchtigt. Daher auch die Wut der Kleinbürger, wenn ein Socialist nicht mehr auf die Doktrin von der Eroberung der politischen Macht schwören, sich durch die verlogene Phrase, „Diktatur des Proletariats" nicht blenden lassen will, sondern von „wirtschaftlichem Kampf" spricht. Das erscheint ihnen als „Verrat", als Bruch des Allianzvertrags, auf Grund dessen sie „Socialdemokraten" geworden sind.

Aber alles Toben und Schreien ist vergebens. Die gesamte sociale und politische Entwicklung Deutschland arbeitet mit emsiger Geschäftigkeit daran, den durch die Hallenser und Erfurter Kongreßorgien wüsten Angedenkens neubesiegelten Pakt zu zerreißen. Von dem Augenblick an, wo am Ruder des deutschen Staatsschiffes statt des heutigen monarchischen Polizeigeistes ein freigesinnter Staatsmann steht, hat der proletarisch-kleinbürgerliche Allianzvertrag keinen Sinn mehr; die heutige Socialdemokratie wird sich auflösen und neuen Parteibildungen Platz machen.

Wehe uns, wenn dieser Augenblick uns unvorbereitet, d. h. noch in den heutigen konfusen Illusionen über die nächste Zukunft antrifft. Und die Gefahr, daß dies geschieht, ist groß. Würden die Parteipropheten sich so gut auf die Deutung geschichtlicher Zeichen verstehen, wie sie blind dagegen sind, so hätten sie längst damit beginnen müssen, die Parteilehren einer gründlichen Revision zu unterziehen. Das feurige Mene Tekel, das diese Hand an die dunkle Wand des Jahres 1892 schrieb, hätte dazu Veranlassung geben müssen, wenn ein Daniel unter ihnen gewesen wäre. Aber die einen waren von ihren Wahlerfolgen, ihrer Machtstellung berauscht, die anderen von dem äußerlichen Glanze ihrer doktrinären Phantome geblendet. Hochmutsvoll versuchten sie die Flammenschrift nicht einmal zu deuten, sie ignorierten sie „angemessen"!

Aber auch darin scheint ein unerbittliches Geschick zu walten. Die Schuld der Parteiführer, den geistigen Entwicklungsprozeß in der Partei durch die Unterdrückung des Rechts der freien Meinungsäußerung brutal gestört zu haben, heischt Sühne. Und sie werden ihr nicht entgehen! Die Parteigelehrten aber, die die Lehre ihres Herrn und Meisters nur zu repetieren und zu vulgarisieren verstanden, statt in seinem Geist zu handeln und sie zu negieren — sie sind deshalb dazu verurteilt, die Totengräber des Marxismus zu sein! O! Schaudern würde euch erfassen, wenn ihr sähet, wohin ihr treibt. Während ihr glaubt, den siegenden Gott der Zukunft am Bord zu haben, schifft ihr nur die Leiche eines toten Propheten über den Styx! — —

Schon sehen wir das Rot eines neuen geschichtlichen Tages am fernen Horizont erglühen. Ein lichtes Gestirn, das uns mit der Wahrheit von der Solidarität der Konsuminteressen Aller erleuchten und den Weg dazu in der freien genossenschaftlichen Organisation zeigen wird, steigt herauf. Zerstreuen wird es all die bösen Traumgedanken von der Begründung einer besseren Gesellschaft durch politischen Terrorismus, durch proletarische Diktatur. Es wird uns begreifen lehren, daß eine freie, vernünftige Gesellschaftsordnung nur durch Freiheit und Vernunft organisiert, daß das Ideal einer brüderlichen Menschengemeinschaft nicht aus dem Geiste brudermörderischen Klassenhasses, sondern nur aus der Erkenntnis unserer solidarischen Menschheits-Interessen herausgeboren werden kann.

Aber noch verbirgt sich die neue Sonne hinter dem aschgrauen Nebel unfruchtbarer Theorien, und es steht deshalb zu befürchten, daß die deutsche Arbeiterklasse den richtigen Weg zum Aufstieg nach ihrem Ziel verfehlt, daß sie, verleitet durch eine irreführende Doktrin, mit einem „Sprung aus dem

Reich der Notwendigkeit in das Reich der Freiheit" zu gelangen sucht und dabei unfehlbar in den Abgrund stürzt.

Wo findet sich der Führer, der den deutschen Arbeiter und unsere deutsche Kultur dieser Gefahr entreißt?

Wir kennen nur einen, der bei der heutigen Weltlage Deutschland vor einer socialen Katastrophe zu bewahren vermöchte: es ist der Schweizer Arbeiter. Er hat politisch freie Bahn, er kann und soll daher auf socialem Gebiete die Führung übernehmen. Er zeige dem deutschen Bruder durch die That den Weg, der zum Ziele führt, indem er selbst darauf voranschreitet: den Weg der freien genossenschaftlichen Organisation des Konsums.

Europa wird Helvetia für einen solchen der gesamten Kultur geleisteten Dienst einst heißen Dank wissen!